青山看不厌
流水去何长

——写在《景观》走过十年华诞之际

那是2004年的春天。《景观》满载着绿水青山之美创立问世，以其独有的魅力，让广大读者领略到园林景观"到处皆诗境，随时有物华"。现如今，《景观》已经走过十年华诞，在第二个十年中扬帆起航。

《景观》的十年，始终坚持"立足行业、面向社会，立足北京、面向全国"，宣传展示园林之美，弘扬园林生态、景观、文化之特色，推广园林行业国内外先进经验，办出了集园林精粹于一体的综合类社科文学精品，受到了社会各界的喜爱，用特有的方式诠释绿水青山的美丽中国，诠释流光溢彩的园林文化。

《景观》的十年，凝结着作者、读者的闪光智慧，浸透着园林人的涔涔汗水。在《景观》走过十年华诞之际，我们谨对关心和支持《景观》的广大读者、作者、学者，以及各级领导表示衷心的感谢！

如今，春风又绿江南岸。

十年之后的新春，我们将承载着广大读者、作者、学者和各级领导的期望，乘着全面深化改革的春风，拓宽视野、创新思路、优化版面、提高质量，体现出：

春城无处不飞花——覆盖面广。用更广阔的园林视角、更唯美的园林笔触，展示和宣传更丰富的人文景观知识和文化内涵，为广大园林爱好者、广大热心读者奉上园林景观文化盛宴！

动人春色不需多——亮点突出。在园林管理经验、园林历史文化、生态文明建设中挖掘出更多特色亮点，着力宣传展示园林景观的独特魅力。

万紫千红总是春——成绩显著。在文化研究、宣传展示、弘扬推广中做出更多成绩，在首都生态文明建设中发挥更大作用。

同时，作为一名公园管理者，我也想借此机会表达：北京市公园管理中心作为市属11家历史名园的主管单位，将进一步整合梳理这些历史名园得天独厚的生态景观文化资源，通过《景观》浓缩展示北京著名历史名园的风采，以此打开一扇视窗，大力弘扬和展示北京古都优秀而独特的历史名城文化。

青山看不厌，流水去何长。祖国的绿水青山充满深意。新的起点，新的征程，《景观》将一如既往地穿梭往返于美好山河之间。让我们借此"十年华诞"十全十美的良好寓意，伴着新春和煦的清风、温暖的阳光，诗意地起航。

祝愿我国园林事业繁荣发展！
祝愿北京公园工作蒸蒸日上！
祝愿各界朋友万事如意！
祝愿《景观》在这个十年能够更上一层楼！

张 勇

《景观》主编
北京市公园管理中心主任
2015年3月19日

图书在版编目（CIP）数据

景观. 2015年. 第1辑 / 北京市公园绿地协会主编.
-- 北京：团结出版社，2015.3
ISBN 978-7-5126-2737-6

Ⅰ.①景… Ⅱ.①北… Ⅲ.①景观—介绍—世界 Ⅳ.①K917

中国版本图书馆CIP数据核字(2015)第029407号

PERSPECTIVE
2015 第1辑

题字	沈 鹏
主管	北京市公园管理中心
主办	北京市公园绿地协会
协办	颐和园公园管理处　天坛公园管理处　北京动物园管理处 柳荫公园管理处　北海公园管理处　紫竹院公园管理处
高级顾问	高占祥　谢凝高　俞孔坚　张启翔　郑易生
法律顾问	杨 磊
名誉主编	郑西平　郑秉军
主编	张 勇
副主编	刘 英　孙旭光　杨 月　王忠海　强 健　高大伟 廉国钊　李炜民　阚 跃
编委	王鹏训　李 高　赵世伟　梁成才　沙海江　张小龙 吴 燕　王金兰　吴兆铮　陈志强　刘耀忠　曹宇明 田锦礼　王迪生　荣学强　孔庆远　申荣文　孙仲秀 董玉峰　沈树祥　石 越　曹洪利　郑永喜　郝卫兵
执行主编	景长顺
执行副主编	尹俊杰
编辑部主任	姚天新
高级编辑	陶 鹰
编辑	崔雅芳
编务	王 芳　杨 杰
《景观》编辑部电话	（010）8841 2859
地址	紫竹院公园西门内《景观》编辑部
网址	http://www.bjlook.cn
Email	jgbjb@vip.sina.com
北京市公园绿地协会电话	（010）6873 1008
责任编辑	唐立馨　何 颖
装帧设计	胡 湖　Q821513721
出版	团结出版社 （北京市东城区东皇城根南街84号　邮编：100006）
电话	（010）65228880　65244790（出版社） （010）65238766　65113874　65133603（发行部） （010）65133603（邮购）
网址	http://www.tjpress.com
Email	65244790@163.com（出版社） fx65133603@163.com（发行部邮购）
经销	全国新华书店
印装	北京艺堂印刷有限公司
开本	210×285mm　1/16
印张	6.25
字数	75千字
印数	4025册
版次	2015年3月　第1版
印次	2015年3月　第1次印刷
书号	978-7-5126-2737-6
定价	25.00元

（版权所属，盗版必究）

目录 CONTENTS

06	特别报道	凝神聚力 创新发展	文 图/邱冬冬
		————北京市公园绿地协会20年回顾	
16		蓦然回首	文/尹俊杰 邱冬冬
		——北京市公园协会大事记	
22		"公园协会"成立的前前后后	文/尹俊杰
26	景观天下	东风神韵第一枝——采访《北京梅花》主编许联瑛	文/景长顺 图/许联瑛
30	创新天地	北京动物园的厕所文明	文 图/吴兆铮 杜洋 徐敏
32		让游览尽在一指掌控中	文 图/高翠萍
36	名园春秋	惜之,喜之,睎阳阿	文/袁长平
40		沈从文与颐和园	文/唐润
46		来今雨轩忆往	文/龙露
48	科技兴园	让植物赋予建筑生命力	文 图/张珊珊 刘晓菲
		——记北京动物园植物墙	
52		三沙水系新景观	文 图/黄小红
		——昌平新城滨河森林公园绿化漫谈	
56	五色土	小园秋日独徘徊	文 图/韩春旭
58		植物的精神与人类的理念	文/计燕
62		揭开佛牙舍利神秘面纱	文 图/范燕丽
66		龚自珍与京师翠微山	文 图/官庆培
70		探寻北京千年古树	文 图/张宝贵
76	诗画风景	她在丛中笑	文 图/许联瑛
82	远瀛观	美国国家植物园	文 图/立早
84	园长新语	酒店式管理的公园	文 图/安勇
		——成都市浣花溪公园的人性化管理与服务	
90	园林人物	古今园林人物（连载六）	文/编辑部 图/王辰
94	方壶胜境	赵德春摄影作品选登	摄影/赵德春
96	回音壁	2014北京市公园绿地行业十件大事候选条目	文/编辑部
98		2014北京市公园绿地行业十件大事——评选细则	
封三		新书推介 《景观》十年集萃	
		封面　北海之冬	摄影/徐耀东
		跨页　群峰倒影山浮水	摄影/徐耀东
		封底　北海"铜仙承露盘"	摄影/徐耀东

景观 | 特别报道

第九届公园节开幕式

文图 / 邱冬冬

凝神聚力　创新发展

——北京市公园绿地协会20年回顾

凝神聚力 创新发展——北京市公园绿地协会20年回顾

2015年3月15日是北京市公园绿地协会成立20周年。回顾协会二十年来走过的历程，也像人的成长一样，从诞生，经过少年时期，现在正是青年时期。20年来，在上级主管部门的领导和支持下，在协会四届理事会几代人的共同努力下，北京市公园绿地协会在会员单位之间，会员单位与游客之间，架起了桥梁、系起了纽带，同时，作为政府有关部门的参谋助手，也为北京市公园绿地事业的发展起到了重要的推动作用。

一、明确定位，把握协会发展方向

第一届北京公园节——庆祝公园百年

北京市公园绿地协会成立于1995年3月15日，并于同年加入国际公园及康乐管理协会(简称 IFPRA)。北京市公园绿地协会是由北京市各类公园组成的行业性社团组织，是经北京市社会团体行政主管机关核准注册登记的社会团体法人，是中国公园协会单位会员，业务主管部门为北京市公园管理中心。协会现有单位会员123个、个人会员397个，设9个分支机构即经营管理委员会、信息交流委员会、科技推广委员会、理论学术委员会、维护权益委员会、园林咨询专业委员会、仙人掌及多浆植物专业委员会、历史名园分会、公园之友分会。

北京市公园绿地协会经过多年的实践和探索，逐步形成了自己的特点和风格，总结了一系列的办会理念。其办会宗旨是："为会员服务、为中心工作服务、为行业发展服务、为建设'三个北京'服务"；工作目标是"扩大影响力、增强凝聚力、提高创新能力"；基本方针是："构建交流平台、开展丰富活动、创造品牌项目、促进行业发展"。北京市公园绿地协会成立20年来，从无到有，从小到大，团结广大会员单位，不断明确服务定位，丰富工作内涵，把自身的发展与公园绿地事业发展的需要紧密结合起来，开展学术研究、协作交流、工作咨询、教育培训和社会服务等工作，着力展示北京公园的建设管理成就，努力提高公园行业干部职工的综合素质，推动北京公园行业管理与国际接轨，用自己的工作实践，争取在公园绿地事业发展中有所作为。

二、积极探索,形成品牌特色

过去20年,北京市公园绿地协会坚持为会员服务,为中心工作服务,为行业发展服务,为建设三个北京服务的宗旨。不断探索凝心聚力的形式和方法,逐步创新品牌项目,从而增强了协会的凝聚力,扩大了影响力,增强了发展的能力。

(一)成功举办九届北京公园节

北京市公园绿地协会自2006年开始,结合北京市公园行业及全市的工作重点和中心,每年举办不同主题的公园节,目的在于通过公园节这个平台,起到宣传成就、传承文化、提高市民积极参与的积极性,向广大社会公众展示园林文化、首都风采和北京魅力。

2006年8月18日,北京市公园管理中心、北京市公园绿地协会和北京动物园聘请北京电视台的精品栏目策划了一场《百年"园"梦 唱想2008》晚会。晚会以为庆祝北京市第一个公园(动物园)建园100周年为主题,以公园建设、动植物保护、人与自然和谐为宗旨,把8月18日办成北京公园的一个节日。以此为起点,北京市公园绿地协会先后举办了"决胜奥运""北京公园60年成就展""展现皇家园林文化,丰富城市现代生活""提升游人幸福指数 共创绿色和谐家园""践行北京精神 弘扬公园文化""美丽公园,放飞梦想"等主题的公园节。

2014年8月18日,由北京市公园管理中心、北京市公园绿地协会、首都文明办、中国公园协会联合主办了以"美丽公园 文明绽放"为主题的北京第九届公园节,启动仪式在奥林匹克森林公园成功举行。来自会员单位及全国22个城市、150个单位的近300余人参加了此次启动仪式。启动仪式上,由各公园遴选出10个优秀节目进行了文艺展演,歌唱、舞蹈、茶艺等文艺表演,将一个绿色公园、魅力公园、文化公园展现在观众面前。同时,在启动仪式上,还进行了宣读"文明旅游呼吁书"、颁发"服务民生 创新管理"品牌优秀奖等活动。

在第九届公园节期间,全市一百余家公园同时举行了主题宣传活动。协会先后组织了提高公园管理水平,创建美丽公园的景观论坛、文明游园随手拍以及第三届文明杯运动会等十余项活动。同时,全市各大公园陆续开展文明游园、摄影比赛、文艺演出等形式多样的文明旅游宣传普及和游园活动,旨在让更多的游客市民通过公园节这个平台,追求旅游品质,自觉遵守文明旅游相关规定,做文明旅游使者。

(二)评选景观之星,建立景观大道

北京公园绿地的建设离不开社会各界的支持和帮助,为进一步倡导、鼓励社会人士积极参与首都生态环境和公园绿地事业的建设与发展。2006年,北京市公园管理中心、北京市公园绿地协会、北京市风景名胜区协会等共同创办了首届北京"景观之星"的评选活动,宣扬首都公园绿地规划、设计、建设、发展、科研科普、管理等方面有突出贡献,并且产生较大社会影响的社会人物的优秀事迹。第一届"景观之星"评选出的10名优秀代表,在"8·18"晚会上,时任副市长的市委常委牛有成为他们颁发了奖状和奖牌。经媒体宣传,在社会上产生了很大的反响。

2007年8月18日上午,在北京公园101岁的"生日"之际,北京第一条公园景观大道——景观之星大道在玉渊潭公园建成,著名词作家乔羽、著名电视导演、影视明星、电视主持人英达等首届10位景观之星的事迹和手印永远留在了景观大道的景石上。时隔5年2011年第二届景观之星产生。2012年8月18日,景观大道延伸

第五届北京公园节
——展现皇家园林文化 丰富城市现代生活

工程在玉渊潭举行落成典礼。按照主办方的规划,景观之星每五年评选一次。景观大道将不断延伸,让更多的景观之星缀满北京的天空。

(三)开展服务民生创新管理品牌活动

服务民生,创新发展是北京公园的使命和责任。公园协会站在行业发展的高度,及时开展交流表彰活动,推动公园的管理向更高的水平发展。2011年,北京市公园绿地协会组织开展首次服务民生创新管理品牌活动,倡导全市各公园结合自身实际,创新探索有益民生福祉的服务品牌项目。圆明园"清史书屋"、颐和园"游船GPS定位系统"、香山公园"游客紧急救助系统"等十个项目上榜。在行业内外产生了积极的影响。同时也坚定了协会继续办好这项工作的决心。2014年,北京市公园绿地协会组织全市各公园开展了第二届服务民生创新管理品牌活动,全市42家公园、86个项目参与了申报,最终评选出20个"品牌奖"获奖单位和6个"优秀奖"获奖单位。

(四)创办《景观》

2003年12月,北京市公园绿地协会创办协会读物——《景观》,其宗旨是为政府和会员之间架起一

座联系的桥梁,宣传成就,沟通信息。其办刊方针是:"立足行业,面向社会,立足北京,面向全国。"2004年第一季度《景观》正式同广大会员和读者见面,《景观》采取图文并茂的形式,融知识性、故事性和资料性为一体。2004年至2014年,《景观》出版发行44期,计五十余万字,图片万余张。现在《景观》作为正式出版物,向全国发售,同时向全国高校、图书馆及业内人士发送。在社会上产生了广泛的影响。2014年藉《景观》10周年之际,集《景观》之精华,出版了《景观天下》《名园春秋》《大家说园》《公园故事》四本书,扩大了《景观》的影响力。

三、创新发展,搭建交流服务平台

会员间的交流是协会联系广大会员单位、开展协会工作的主要形式。经过20年的积累,目前北京市公园绿地协会的交流活动主要有以下几种形式:

一是开展理论研讨和论坛

研讨会和论坛是组织会员单位开展交流活动的重要平台,通过定期交流,围绕着公园事业发展的难点、政策热点,展开形式多样、内容广泛的交流,对会员单位相互学习、开阔视野、相互促进有很大帮助。1996年6月11日,北京市公园协会举办第一次学术报告会,并印发学术论文集《北京公园研究》。2001年,举办首届文化建园研讨会。2003年,举办"景观完善规划与人性化管理"培训班。2004年举办"公园的管理与发展研讨会"。2009年,举办"公园带动城乡发展"论坛和"首届中国历史名园保护与发展论坛"等,每次研讨或论坛都将成果集成论文集或《景观》专刊。2009年历史名园论坛发表了《中国历史名园保护与发展北京宣言》。

2014年8月,北京市公园绿地协会举办提高公园管理水平"景观论坛",来自会员单位及全国8个省市约二百名公园管理者及专家学者,围绕公园管理服务主题开展研讨,对各级各类公园绿地在管理方面的创新举措、显著成效和典型经验进行深入探讨和总结,推广公园管理的新成就,推动公园事业不断发展和进步。此次论坛共收集论文九十余篇。

第六届北京公园节——提升游人幸福指数 共创绿色和谐家园

第八届北京公园节——美丽公园 放飞梦想

自1996年以来，北京市公园绿地协会还先后举办了"生态园林建设""景观哲学与旅游管理""园林景观水治理技术研讨会"等学术报告会十余次；与北京大学、清华大学等高等院校合作，聘请知名法律顾问、美国环境基金会专家、摄影专家等举办公园管理常见法律问题及处置办法、建筑工程施工合同、法律、摄影、写作等和实际工作相关的业务讲座二十余次。同时，针对工作发展的需要，针对不同层次的人员，举办"全市公园园长培训班""全市风景名胜区管理干部研讨班""景观完善规划与人性化管理"等各类培训班。这些活动，对于加强会员单位之间的交流、打造一支高素质的干部队伍起到了重要的作用。

二是举办展览展示，推出高质量宣传品

多年来协会借助社会力量或受主管单位的委托，举办各种形式的展览作为协会的重要工作，通过展览展示，达到宣传教育和科普的作用，推动会员单位与社会的合作共赢。1998年为了纪念《中日和平友好条约》缔结20周年，北京市公园绿地协会与日本插花花艺设计师协会联合举办的"'98中日插花花艺友好交流展"在中山公园开展。2005年，举办中国国际城市风景园林建设展。2006年，举办第八届中国国际花卉园艺展览会，同年，由北京市公园绿地协会、北京动物园联合举办"北京公园百年辉煌展"。2009年承办市公园管理中心交办的北京公园60年大型展览，展出了北京公园发展的历史，总结了历史经验，宣扬了北京公园的伟大成就。在业内外产生了较大的影响。市委、市政府、市人大、市政协四套班子的领导及数万游园群众先后参观了展览。

北京市公园绿地协会作为行业的组织，有责任将行业的发展成就及形象向社会宣传。多年来协会根据会员的需求或客观条件适时推出文化宣传材料。比如1996年，由北京市公园绿地协会与北京电视台联合拍摄制作的电视专题片《京华园趣》，连续在北京电视台播出，这部专题片反映了古树名木、园林亭文化、园林文物等五个方面的内容，并介绍了天坛公园"菊花状元"李瑞浦的事迹。1997年，北京市公园协会组织编辑出版了反映北京市建国以来全市公园建设管理成就的大型画册《京华百园》。自2006年起协会协同主管部门先后策划出版了一系列图书画册等，如《北京园林》大型画册、《北京历史名园》画册。在调研的基础上先后出版了《北京公园记忆》、《盛世名园》大型邮册、《公园历》、《公园三字经》、《古树名木故事》等书籍。

第九届公园节颁奖仪式

三是开展丰富多彩的活动

开展活动是协会生命力的重要体现。多年来协会注重策划具有一定规模和影响力的活动，调动会员和社会广泛参与的积极性。北京公园节是最大的系列活动。除此之外，2003年，协会组织开展"晶丽达杯北京园林摄影大奖赛"。2007年，北京市园林绿化局、北京市公园管理中心、北京市公园绿地协会3家网站同时开展为评选"我心目中的精品公园"投票活动。2014年8月18日至2015年3月15日，由首都精神文明办、市公园管理中心、市公园绿地协会共同主办"美丽公园，文明绽放"文明游园随手拍活动。活动倡议广大游客拿起手中的相机，用镜头记录公园里的人文和自然之美，并将作品上传至文明游园随手拍活动官网。主办方通过活动官网向社会同步推出参赛作品，广大市民群众可参与"点赞"和"分享"。在此基础上，对作品进行评审，选取360幅优秀照片进行展览。

交流考察活动是重要的活动内容和形式。协会充分利用各种会议等渠道，组织会员积极参与。比如参加国际及中国公园协会组织的会议，参观历届的园博会等，开阔了会员的视野，交流学习了先进经验。1995年9月2日~16日，国际公园与康乐设施协会（IFPRA）第十七届大会在比利时安特卫普召开。本次大会正式接纳中国公园协会、北京公园协会为该组织加盟会员。将台湾在该组织中的名称改为"中华台北"。北京市公园协会会长魏广治率团参加了大会。1996年11月，北京市公园绿地协会派出11名代表参加中国公园协会代表团，出席了在新西兰北帕默斯顿市举办的国际公园与康乐设施协会亚太地区年会等。

四是创办《北京公园》和协会网站

2011年，在多年《协会动态》的基础上，整合资源，创办《北京公园》信息刊物，不断提高容量质量，受到会员单位的好评。

2004年3月24日，初步确定北京市公园绿地协会网站基本结构。目前，协会网站已经成为协会宣传、沟通、交流的重要平台，网站通过历史遗产、中国名胜、世界名园、园林科技、古树名木、园林摄影、景观纵横等内容，全面介绍与园林相关的知识。2014年，北京市公园绿地协会在网站上增加了入会申请，新会员可以直接在网站上下载申请表。同时，增加了《景观》投稿的详细地址与文章的写作要求，让作者以最快的时间了解当前《景观》的内容要求，方便作者写文章。在网站的下载区域，用户可以看到最近几辑的《景观》和《北京公园》期刊。可以在线阅读也可以

服务民生优秀项目交流活动

下载观看,方便读者以最快时间阅读到最新的读物。

四、自律自强,保持生机活力

20年来,协会始终坚持"构建交流平台、开展丰富活动、创建品牌项目、促进行业发展"的办会方针,扎实工作,主动作为,同时,不断加强自身建设,各项工作都取得了长足的发展和进步。

协会重视依法建会。在发展中不断总结协会组织发展的经验、探索组织有效运行的规律,按照市社团组织的要求和《北京市公园绿地协会章程》办事,特别是针对公园行业及会员的特点建立了会长会议制度和联(大)组长制度,架起了协会与会员单位领导之间的桥梁。保证依法建会、依法治会、促进协会规范发展。

协会重视民主决策。在内部建立健全协会理事会和常务理事会对协会重大事项的民主决策机制,注意集中会员、理事的集体智慧、行业专家的智慧,确保协会开展活动符合公园的发展需要,符合广大会员单位的需要。按照《章程》规定每年召开理事会或常务理事会,研究和决定协会的重大事项。协会的财务工作坚持向理事会的报告制度。在重要的文件出台过程中,协会注意广泛征求各专业委员会、会员单位的意见,充分调动他们参与协会工作的积极性。

协会重视上级主管单位的领导作用。坚持重大问题请示报告,完成主管单位交给的任务和购买服务的事项。几年来先后完成北京市公园风景区《奥运服务规范》、"公园60年辉煌展览"、《世界城市·公园》、《北京市公园分类标准研究》、《旅游参观点价值评价》、《首都文明旅游风景区测评标准》等。

二十年倾情公园行业,二十年注重创新发展,二十年自律自强。今天的北京市公园绿地协会不论是在领域的地位作用,还是公园行业服务会员的项目内容,都较二十年前有显著的进步。面对进一步深化改革的召唤,北京市公园绿地协会将在上级主管部门的领导下,积极进取、开拓创新,不断提高服务水平,继续扩大合作交流和活动范围,为首都公园事业的发展做出更多的贡献。

(作者系北京市公园绿地协会办公室主任)

附表1:
北京景观之星名录

	姓名	单位	事迹
第一届	李春明	北京优龙集团总裁，民营企业家	在一片五百亩垃圾场上建立中华文化园。
	曹俭	北京晶丽达影像图片技术集团总经理	捐资支持北京园林。
	蒋晓华	华凯投资集团有限公司总经理	认建认养了三万平方米"华凯花园"。
	刘艳霞	中国阳光投资集团有限公司副总裁、北京阳光鑫地置业有限公司总经理	认建"阳光星期八"公园。
	乔羽	著名词作家	为宣扬北海历史文化做出了杰出的贡献。
	浅见洋一	北京动物园日籍义工	为保护大熊猫做出自己的努力。
	檀馨	北京创新景观园林设计公司董事长兼总经理	在园林设计上，继承发扬优秀传统、勇于创新。
	英达	著名电视导演、影视明星、电视主持人	无私地为北京动物园代言。
	温新民	广州奇星药业有限公司董事长	出资为天坛公园南北中轴线更换了一百六十盏座灯。
	张国立	著名导演、影视演员	认养复兴门绿地。
第二届	罗哲文	中国文物学会名誉会长 中国文物学会世界遗产研究委员会 主任	从业七十余年，长期为北京园林奔走奉献。
	李莲	北京电视台记者	热诚竭力地采播北京公园和园林绿化的新闻，多次获得中央及地方新闻奖。
	林天依	北京市十一学校初三年级学生	在玉渊潭公园累计志愿服务近千个小时。
	濑在丸孝昭	日本横滨友好人士	多次赠送北京的公园超过100个品种的樱花苗木及大量种子，用于引种试验研究。
	司德明	山西省高平市新海洋有限公司董事长	无条件承付卧佛寺三大殿的32尊佛像原胎修复、贴金、彩绘、恢复金刚宝座和背光佛像修缮的工程款200万元。
	舒乙	中国现代文学馆（原）馆长	关注北京公园涉藏建筑的保护和修缮工作，做出突出贡献。
	俞孔坚	北京大学建筑与景观设计学院，北京土人景观与建筑规划设计研究院院长	积极参与北京市及各区县组织的北京园林项目建设。
	杨磊	北京市正海律师事务所律师	为北京市园林系统各单位处理历史遗留的房屋土地纠纷及有关涉法事件，避免的经济损失在1000万元以上。
	王士满	北京市奥承华运生态科技有限公司董事长	于2007年底在立水桥原垃圾填埋场上投资约5000万元人民币，认养认建一处占地面积21公顷的立水桥公园。
	万依	故宫博物院研究员	帮助开展天坛挖掘恢复中和韶乐的系列工作。

附表2:
"服务民生 创新管理" 品牌获奖名录

2011年	单位	项目名称
优秀奖	颐和园	游船GPS定位系统
	圆明园遗址公园	清史书屋
	香山公园	游客紧急救助系统
	天坛公园	智能化服务系统
	地坛公园	中医药文化养生园
	北海公园	便民出行温馨指路
	北京市西城区园林绿化局	园林植物条码化管理系统
	陶然亭公园	野草陶然文化讲堂
	景山公园	公园之友
	奥林匹克森林公园	国家全民健身示范基地
2014年		
品牌奖	颐和园	西门三十亩地绿地改造工程
	天坛公园	走出国门，弘扬天坛文化品牌
	北海公园	特色皇家邮驿
	北京动物园	动物"五率"管理 开创管理新模式
	香山公园	夜光设施项目
	圆明园	四季文化活动
	玉渊潭公园	鱼跃泉鸣景区工程
	恭王府	文化助残 放飞梦想
	八大处公园	传承祈福庙会文化 融百姓共筑中国梦
	朝阳公园	全民健身 设施升级——系列工程
	园博馆	全国绿地和重点景区数字沙盘立体显示系统
	紫竹院公园	行宫文化展
	柳荫公园	"和谐之声"职工民乐队
	夏都公园	端午文化节
	世界花卉大观园	菊花擂台赛

品牌奖	丰台花园	花为媒主题相亲活动
	什刹海风景区管理处	规划引领建设和管理的发展
	古城公园	服务民生创意改造提升项目
	密云县园林绿化服务中心	公园绿地网格化管理
	红领巾公园	红领巾之友办公室
优秀奖	地坛公园	第九届地坛公园游人艺术节
	龙潭公园	公园管理模式创新与应用
	通州区大运河森林公园	精细管理 便民服务
	海淀公园	植物二维码标识项目
	西城区园林绿化局	杨柳飞絮治理工作实践
	北京明城墙遗址公园	梅花文化节

附表3:

北京公园节统计表

届次	时间	地点（启动仪式）	主题
第一届	2006年7月13日~10月20日	万芳亭公园（开幕式）北京动物园（晚会）	百日、百园、百万人迎百年（庆北京动物园100年）
第二届	2007年8月18日	玉渊潭公园	迎奥运（建立景观大道）
第三届	2008年7月17日8月18日	全市公园宣传咨询活动	决胜奥运
第四届	2009年8月18日	中山公园	北京公园60年辉煌展览
第五届	2010年8月10日~10月30日	颐和园（启动仪式在上海世博园）	展现皇家园林文化 丰富城市现代生活
第六届	2011年8月18日~9月18日	天坛公园	提升游人幸福指数 共创绿色和谐家园
第七届	2012年8月18日~9月30日	北海公园	践行北京精神 弘扬公园文化
第八届	2013年8月18日~8月28日	圆明园遗址公园	美丽公园 放飞梦想
第九届	2014年8月8日~10月8日	奥林匹克森林公园	美丽公园 文明绽放

大会主席台

文 / 尹俊杰　邱冬冬

蓦然回首

——北京市公园协会大事记

1995年

1. 3月15日，北京市公园协会第一次会员代表大会在卧佛寺饭店会议厅举行，来自全市公园行业的会员代表102人出席会议。大会讨论通过了《北京市公园协会章程》，选举产生了由77人组成的理事会。会议选举魏广智为会长；郭晓梅、耿刘同、姜洪涛、李振西、朱宪一、史静贤、张佐双为副会长；选举姜洪涛兼任秘书长。根据秘书长姜洪涛的提名，决定卫正南、王文远、刘崇安、武义、尹俊杰为副秘书长。

2. 9月2日~16日，国际公园与康乐管理协会（IFPRA）第十七届大会在比利时安特普卫召开。本次大会正式接纳中国公园协会为该组织加盟会员。将台湾在该组织中的名称改为"中华台北"。北京市公园协会会长魏广智出席国际公园与康乐管理协会（IFPRA）第十七届大会。

1996年

3、6月11日，北京市公园协会举办第一次学术报告会。北京市公园协会在卧佛寺饭店会议厅举办学术报告会。陈向远在会上做《关于城市大园林建设》的报告；张树林在会上做《国外生态园林建设情况》的报告；陈自新在会上做《生态园林建设及我们的思考》的报告。

4、8月，由北京市公园协会组织编辑的学术论文集《北京公园研究》印发。该论文集共收入论文7篇，主要内容是生态、园林与文化。

5、10月，由北京市公园协会与北京电视台联合拍摄制作的电视专题片《京华园趣》，连续在北京电视台播出，这部专题片反映了古树名木、园林亭文化、园林文物等五个方面的内容，并介绍了天坛公园"月季状元"李瑞浦的事迹。

6、11月，北京市公园协会派出11名代表参加中国公园协会代表团，出席了在新西兰北帕默斯顿市举办的国际公园与康乐管理协会亚太地区年会，北京代表郑西平、高大伟、赵世伟在会上发表了《北京公园建设与管理中的新手法》的讲演，讲演在年会上受到热烈的欢迎，也受到了IFPRA主席布歇尔的高度赞扬。

1997年

7、3月25日，北京市公园协会一届三次理事会在卧佛寺会议厅召开。会议同意姜洪涛同志辞去北京市公园协会副会长兼秘书长职务；选举景长顺同志为北京市公园协会副会长兼秘书长。

8、北京市公园协会组织编辑出版了反映北京市建国以来全市公园建设管理成就的大型画册《京华百园》。

9、与北京有线电视台合作，制作播出了反映北京市公园建设管理成就的电视专题片《这边风景》，此电视片分别介绍了紫竹院公园、团结湖公园、人定湖公园、龙潭公园、丽都公园、双秀公园等一批新园林的壮丽风貌和文化内涵。

1998年

10、7月3日，IFPRA主席阿道斯、IFPRA亚太地区主席斯摩尔、IFPRA亚太地区前任主席平野侃三、IFPRA亚太地区秘书长约翰等人抵达北京。他们先后考察了颐和园、天坛公园、团结湖公园、人定湖公园、青年湖公园、北京动物园、北京植物园等公园。中国公园协会会长储传亨、北京市公园协会会长魏广智等会见了阿道斯一行。

中日交流

11、为了纪念《中日和平友好条约》缔结20周年，5月16日~20日，北京市公园协会与日本插花花艺设计师协会联合举办的"'98中日插花花艺友好交流展"在中山公园开展。魏广智会长和日本驻华公使吉泽茂等出席了开幕式。

1999年

12、9月协会组织公园管理干部四十余人分三批赴云南昆明参观、考察了世界花卉园艺博览会。

13、10月，组织会员参加杭州1999国际公园与康乐设施管理协会亚大地区会议。3年来，协会组织的规模较大的国际国内交流活动有三十余次，参加人员有五百余人。

2000年

14、12月18日~22日，由北京市园林局、北京市公园协会与北京大学联合主办的首届北京市公园园长培训班在北京大学举办，全市主要公园近80名园长参加了培训。学习结束后，北京大学和北京市园林局向学员颁发了结业证书。

2001年

15、6月7日~8日北京市园林局举办首届文化建园研讨会。在京部分专家、学者、园林系统老领导、各区县园林局长、各公园园长以及机关处以上干部参加会议。公园协会参与组织。

16、8月20日~24日，第一期全市风景名胜区管理干部研讨班由北京市园林局、清华大学、北京市公园协会联合举办。

"景观完善规划与人性化管理"培训班

2002年

17、7月~10月参与组织首都公园文明行业的创建活动。

18、8月，协助北京市园林局安排接待市人大主任于均波、副主任范远谋先后于24日、26日、28日莅临月坛公园、朝阳公园、天坛公园和颐和园，开展《北京市公园条例》立法的调研。

19、8月15日北京市公园协会更名为北京市公园风景名胜区协会。

2003年

20、8月15日召开北京市公园风景区协会第二届代表大会，选举王仁凯为会长，刘英等为副会长，选举景长顺为秘书长，选举杨晓东为监事长。

21、9月24日由北京市园林局、北京市公园风景名胜区协会主办、北京晶丽达公司协办的"晶丽达杯北京园林摄影大奖赛"在全市拉开帷幕。活动得到了各会员单位的大力支持，杂志、网站等相关媒体相继做了报道。

22、10月10日协会在北京动物园科普馆举办了由荷兰瓦格宁根大学—世界休闲与环境教育中心系主任、教授坎伯斯特先生所做"景观哲学与旅游管理"讲演报告。会员单位共有150余人参加了报告会。

23、10月29日~11月1日举办了为期4天的"景观完善规划与人性化管理"培训班。全市园林系统52个单位的65人参加本次培训，来自美国环境基金会的专家介绍了国际景区规划的现代理念，并结合具体项目的规划案例进行了解析。培训班灵活的方式调动了与会人员的学习热情，拓展了创新思维，使每个人在与团队互动中完成了各项课程，达到了预期效果。

24、12月22日《景观》创刊并召开了首次编委会。刘英副主编主持。会议确定协会会刊刊名为《景观》，《景观》杂志的基本宗旨是为会员服务。通过刊物的形式达到沟通信息、交流经验，提高协会的凝聚力和影响力，在政府和会员之间架起一座联系的桥梁，宣传园林，沟通信息。明确了《景观》服务的三个面向，明确了编委成员的三项职责，并对第一期《景观》小样提出了修改意见。

2004年

25、第一季度《景观》同广大会员和读者见面。《景观》采取图文并茂的形式，体现知识性、趣味性和综合性。提出了立足行业、面向社会、立足北京、面向全国的定位，力争把《景观》办成高品位、高档次的读物。

26、3月24日协会网站基本结构初步确定，通过历史遗产、中国名胜、世界名园、园林科技、古树名木、园林摄影、景观纵横等内容，全面介绍与园林相关的知识。

27、6月7日~11日由中国公园协会、北京园林学会和北京市公园风景名胜区协会共同主办、北京市公园风景名胜区协会承办的"公园的管理与发展研讨会"，在北京举行。中国公园协会柳尚华会长、中国风景园林学会副理事长、北京园林学会张树林会长等先后做专题报告。北京、山西、河北等地的园林同行在研讨会上发了言。

刘英颁发专家聘书

2005年

28、4月8日北京市公园风景名胜区协会二届二次代表大会暨北京市公园风景名胜区庆祝成立十周年纪念大会在泰山饭店召开。刘英副会长主持了会议，景长顺秘书长做工作报告。

29、中国国际城市风景园林建设展于5月18日~20日在中国农业展览馆开展。由北京市园林局主办、北京市公园风景名胜区协会承办"北京城市园林绿化"展区。市园林局、市园林科研所、市花木公司、东城区园林局、海淀区园林中心、北京创新设计公司、北京市公园风景名胜区协会等单位代表首都园林行业统一参展，宣传北京城市园林绿化取得的丰硕成果。

30、经协会二届二次会员代表大会审议通过，并经北京市园林局审核同意、市社团办批准，6月30日"北京市公园风景名胜区协会"正式更名为"北京市公园绿地协会"。

31、11月，针对目前北京市公园风景名胜区内景观水质的现状和需求，北京市公园绿地协会和北京市风景名胜区协会同有关单位密切合作，共同举办了"首届园林景观水治理技术研讨会"。

2006年

32、4月11日~14日第八届中国国际花卉园艺展览会在北京展览馆举行。北京市公园绿地协会和北京植物园仙人掌多浆植物专业委员设立了展区，展示花卉品种、宣传展示行业协会建设与管理成就。

33、6月由协会策划出版的《北京园林》大型画册印刷完成。

34、7月8日~13日北京市公园绿地协会会员杯运动会乒乓球与木杆高尔夫比赛在丰台区万芳亭公园举行，13日举办了庆北京公园百年活动的开幕式。

35、8月16日由北京市公园绿地协会、北京动物园举办的"北京公园百年辉煌展"在北京动物园科普馆隆重开展。展览通过北京动物园百年回顾、北京市公园管理中心的成就、北京市公园事业的发展等9个部分，全面展示了公园的百年辉煌。

36、8月17日~19日中国公园协会和北京市公园绿地协会在中苑宾馆召开了"景观论坛暨第二届城市公园发展研讨会"。研讨会的主题为"公园的未来更美丽"，来自9个省市自治区近70名代表出席了此次会议。

37、8月18日北京市公园管理中心、北京市公园绿地协会和北京动物园联合北京电视台的精品栏目策划了一场《百年"园"梦 唱想2008》晚会。晚会以为庆祝北京市第一个公园（动物园）建园100周年为主题，以公园建设、动植物保护、人与自然和谐为宗旨，把8月18日办成北京公园的一个节日，将庆典活动推向高潮。会上牛有成副市长为评出的10大"景观之星"颁发了金质奖章和证书。

2007年

38、7月1日开始，北京市园林绿化局、北京市公园管理中心、北京市公园绿地协会3家网站同时开展评选"我心目中的精品公园"投票活动。协会与劳动午报合作，在当日发行的100万份报纸上刊登了评选精品公园选票。

39、8月18日上午"景观大道"揭幕仪式在玉渊潭公园东湖南岸小广场举行，第一届10名"景观之星"的手模和事迹铸造在石镶铜板上，展示了"景观之星"的风采。

2008年

40、7月17日~18日奥运前夕，由协会常务理事单位组成的2个交流考察小组，分头对19个公园开展交流考察活动，发挥了为奥运加油助力的作用。

41、8月18日公园节全市公园万余名保洁人员统一穿着"决胜奥运宣言"文化衫上岗。发放《决胜奥运宣言》形成宣传亮点，为奥运助力。

42、12月18日~19日由北京市公园绿地协会、北京对外科学技术交流中心共同主办召开了"第四届国际城市中水回用暨园林景观水治理技术研讨会"。北京市公园绿地协会三十多个单位、五十余人参加了此次研讨会。

2009年

43、举办北京公园60年成就展，于8月18日正式开幕。8月18日，北京市委常委牛有成、中国公园协会会长郑坤生等相关部门领导参加了"北京公园60年成就展"开幕式并剪彩。

44、8月6日在延庆温泉度假村召开第三届代表大会。阚跃当选为北京市公园绿地协会会长，景长顺当选为秘书长，吴庚新当选监事长。选举产生了114名理事组成的理事会，5名理事组成的监事会。

45、8月16日~18日，"公园带动城乡发展"论坛和"首届中国历史名园保护与发展论坛"分别在北京饭店和北京会议中心举办。来自北京、苏州、南京等22个城市的专家、学者和业内人士120余人参加了论坛。会议发表了《中国历史名园保护与发展》北京宣言。

46、9月23日，市委、市政府、市人大、市政协领导参观考察正在举办的国庆60年献礼项目——"北京公园60年"成就展。

47、受北京市公园管理中心的委托，10月完成《历史名园画册》制作工作。画册以图文并茂的形式，通过人文经典、和谐之花、科技之光、绿色精品、奥运风采等五个方面以及30年30件大事、30组数字，从公园一个侧面反映北京市改革开放的辉煌成就。

2010年

48、第五届北京公园节主题为"展现皇家园林文化，丰富城市现代生活"，由北京市公园管理中心和北京市公园绿地协会联合举办。开展"6+1"的系列活动，6即：公园节开幕式、论坛、文化活动、展览展陈、摄影征文比赛和群众文体活动竞赛；1即：在上海世博会上宣传推介活动。

49、创办《北京公园历》，每年一种，分别记述：公园、花言、树语、名园胜景、园林文物、园林人物、园林动物、园林故事、公园节庆、公园聚首等，形成系列，各具特色。2011年为《北京公园历》"松"年，以北京市公园为开篇，集北京365个公园（包括城市公园、森林公园、湿地公园和风景名胜区）为一体，每日一园，配以精美的照片、独特的公园铭章以及公园简介和信息等，图文并茂，彰显文化品位，堪称北京公园之大全、艺术之精品。

2011年

50、北京市公园绿地协会关于增设公园之友分会决议经2011年3月23日三届三次理事会审议通过，一致同意北京市公园绿地协会增设"公园之友"分会，在北京市公园绿地协会领导下，开展与公园志愿者有关的各项工作。4月北京市公园志愿服务总队（北京市公园绿地协会公园之友分会）在颐和园游客中心多功能厅隆重召开成立大会。

51、5月北京市公园绿地协会在天坛神乐署召开历史名园分会成立大会。

52、7月，由北京市公园管理中心和北京市公园绿地协会主编的《北京公园分类及标准研究》一书正式出版。

53、8月18日，第六届北京公园节主题仪式在天坛公园举行。天坛公园祈年殿前，由天坛公园神乐署奉献的一场"中和韶乐"演奏《太平令》，拉开了以"都市绿洲 盛世园林"为主题的第六届北京公园节的序幕。

54、9月7日，历时3天第二届"会员和谐杯"运动会圆满结束。设有篮球、台球、乒乓球和羽毛球四个比赛项目。全市公园行业共46个单位、107支代表队、418名运动员参加了运动会，共进行了291场比赛。每项比赛奖励前三名，评选出团体奖9名、个人奖18名、优秀组织奖40名。

55、6月开展第一届服务民生创新管理品牌项目评选活动，评选出颐和园"游船GPS定位系统"等十大创新服务民生品牌项目。

56、12月13日全市84家公园代表在颐和园多功能厅，参加了由北京市正海律师事务所主任律师杨磊主讲的《公园管理常见法律问题及处置办法》法律讲座。

2012年

57、8月18日由北京市公园管理中心、北京市公园绿地协会共同举办的第七届北京公园节在北海公园成功举办。进一步巩固和发展历届公园节的成果，丰富公园文化内涵，展示公园文化建设成果，提升公园管理水平。为北京市民和游客提供了一个交流与欣赏的平台。

58、8月17日举办"公园文化建设"论坛。分为"名家讲堂"和"百家争鸣"两部分，"名家讲堂"邀请5名国内知名专家、学者和企业代表作报告，包括北京园博馆展陈、企业管理与文化等内容；"百家争鸣"邀请来自全国各地12名公园管理者向与会者介绍公园管理思路和经验。

59、8月18日景观大道延伸工程在玉渊潭举行落成典礼。北京市公园管理中心、北京市公园绿地协会、北京市风景名胜区协会和推荐单位及参与评选市民参加，第二届北京景观之星的事迹走上景观大道。

2013年

60、8月15日召开第四届会员代表大会。会议审议通过了《第三届理事会工作报告》《第三届监事会工作报告》《北京市公园绿地协会章程》修改草案；通过投票方式，选举产生了135名理事、42名常务理事、7名监事以及会长、副会长、秘书长、监事长、副监事长、名誉会长、顾问等领导机构，阚跃当选会长，孙旭光等当选副会长，景长顺当选为秘书长，刘耀忠当选监事长。

61、8月18日第八届北京公园节在圆明园举办开幕式，这是首次在区属公园内举办的公园节大型活动，各区县园林绿化局、全市各公园领导参加了开幕式。公园节期间，在全市各公园开展了"百园千米百万游人签名"活动，活动以"摒弃陋习 拥抱文明 美丽公园 和谐共享"为主题，每个公园设置咨询台，以游人在"游园十要十不要"图帐上签字的形式，起到广泛的宣传作用。

第九届北京公园节开幕式

2014年

62、3月，为会员单位代表颁发"会员证"525张，会员凭会员证可免费进30家收费公园。

63、6月开展第二届服务民生创新管理品牌活动，全市42家公园、86个项目参与了申报，最终评选出20个"品牌奖"获奖单位和6个"优秀奖"获奖单位。

64、由8月18日北京市公园管理中心、北京市公园绿地协会会同中国公园协会、首都文明办共同举办的第九届北京公园节启动仪式，在奥林匹克森林公园以"美丽公园 文明绽放"为主题成功举行。中国公园协会会长郑坤生、首都文明办副主任卜秀均、北京市公园管理中心主任张勇、奥林匹克森林公园管委会田巨清等领导出席。来自22个城市、150个单位、近300余人参加了此次启动仪式。启动仪式上，从北京市各公园中遴选出的10个公园进行了文艺展演，歌舞、茶艺等文艺表演，精彩纷呈，将绿色公园、魅力公园、文化公园展现在观众面前。启动仪式上，宣读了"文明旅游呼吁书"、颁发了"服务民生 创新管理"品牌优秀奖等活动。当天，全市100余家公园同时举行了主题为"美丽公园 文明绽放"宣传活动。

65、8月19日，举办"提高公园管理水平北京景观论坛"，来自全国8个省约200名公园管理者及专家学者，围绕公园创新管理、服务民生主题开展研讨，对各级各类公园绿地在管理方面的创新举措、显著成效和典型经验进行了深入探讨和总结，彰显了公园管理的新成就，论坛共收集论文90余篇。

66、10月20日~23日在万芳亭公园和北京云渡台球俱乐部举办了第三届文明杯运动会。共有43个单位代表队、运动员407名，730人次参加，运动会设篮球、羽毛球、乒乓球、台球等4个比赛项目。

（作者尹俊杰系北京市园林绿化局公园风景区处副处长；邱冬冬系北京市公园绿地协会办公室主任）

2015年3月,北京市公园绿地协会成立已经整整20年了。伴随着北京公园事业的蓬勃发展,20岁的公园协会以其巨大的凝聚力、支撑力和推动力在全市公园行业中发挥着不可替代的桥梁和纽带作用,在全市公园事业的发展和引领公园管理和服务水平的提高中产生了巨大的影响力。

文 / 尹俊杰

"公园协会"成立的前前后后

北京市公园绿地协会成立之初名为"北京市公园协会",2002年8月15日曾经一度更名为"北京市公园风景名胜区协会",2005年6月又改为现在的名字。这期间有很多协会改名的故事,但不管正式的名字怎样改来改去,行业内和社会上仍称其为"公园协会"。回想当初协会刚刚组建时的情景,作为参与者感到既亲切又欣慰,遂提笔写下这篇短文。

组建工作"急急忙忙"

当初协会成立时的情形,就是一个字"急"。1994年11月,中国公园协会成立后,国家建设部要求各省、市、自治区也要相应组建地方公园协会。北京市园林局经研究决定,立即组建北京市公园协会,其成立大会与公园行业管理工作大会一并召开,时间定在1995年3月15日,协会组建工作由局公园处具体负责。此时,时间已经接近1994年年底,协会的章程要起草,协会的理事会、常务理事会、领导机构候选人要组织遴选,连各公园要求组建协会的呼吁书都要赶紧写,千头万绪林林总总一大堆事儿。上头千条线,下面一根针,干具体活的就我一个人,怎么办?埋头苦干吧!当时年轻,精力充沛,对公园行业的情况也比较熟,夜以继日地干吧。1月底,终于将这些行业内应做的工作完成了。但又一个问题出来了,社团管理部门批准成立市级协会要两个月的审查周期,等着审批肯定来不及,怎么办?经过多方打听,得知社团办主管主任正在262医院住院。我陪同公园处姜处长忙去医院探望这位主任,说明原因,请求主任尽快批复我们组建公园协会的申请。主任挺和气,一听情况,还真替我们着急,说"你们赶紧报材料,我抓紧与其他主任商量一下,看能不能将审查会提前"。人家大力支持,我们加足马力。之后的日子,我们天天跑社团办,一会儿补这

北京市公园协会参加世界公园协会部分成员合影

1998年,IFPRA主席阿道斯考察北京

个材料,一会儿填那个表格,一会儿找市政管委,一会儿找民政局。但时间一天天过去,社团办的审批仍没有着落,心里急得不行。转眼到了3月14日,明天就是我们召开协会成立大会的日子,批件还没到,急死人啊!我们如热锅上的蚂蚁,在社团办的走廊里坐立不安。我们一再地请求,一再地催促,一再地呼吁,终于感动了"上帝",社团办终于给了一个口头的批示:"成立大会你们先开吧,批准手续随后就办"(3月25日,才拿到北京市公园协会的法人证书,3月底拿到北京市公园协会的公章以及购买支票、发票的证明)。

谢天谢地!3月15日,北京市公园协会成立大会终于如期召开了。来自全市公园行业的一百多名会员代表出席了会议。会议经过讨论,通过了《北京市公园协会章程》,选举产生了协会理事会、常务理事会,选举产生了协会领导班子。市政府张百发常务副市长任名誉会长,市长助理郑一军等六人为顾问。市园林局局长魏广智当选为首任公园协会会长。

这里不得不说的还有一个桥段:1994年11月中国公园协会成立后,要求各省、市、自治区组建各地区"分会"。也就是说,如果严格按照这个要

求办,北京应该组建的是"中国公园协会北京分会"。"分会的权利义务如何?"我查了有关的法规,法规规定,"分会"并非法人,不能独立开展活动,一切工作必须听从上级协会的安排。于是我向当时市园林局主管领导建议,还是组建一个具有独立法人资格的地方协会,便于我们独立开展工作。领导采纳了这个建议,同意组建北京市公园协会,而不是中国公园协会北京分会。

四面八方全力支持

北京市公园协会的筹办,得到了全市上下各有关方面的大力支持。张百发常务副市长得知北京市公园协会成立,欣然同意担任协会名誉会长,市长助理郑一军等领导也同意担任协会顾问。尤其是市政管委马军辉委员跑前跑后,上下沟通联络,为协会组建提供了积极的指导和帮助。为了落实协会办公地点,双秀公园管理处在办公条件相当紧张的情况下,在其传达室用纤维板隔出来一个不规则的小房间,面积不足10个平方米,作为协会的办公室。颐和园、天坛公园、北海公园等派出工作人员协助协会的筹办工作;1995年,当时市园林局办公楼正在拆迁,新的办公地点尚未建成,只能暂借古建公

司东小楼临时作为办公地点，在这样的情况下，古建公司还专门为协会挤出了一间办公室处理日常事务；为接待来访的国际公园与康乐管理协会的主席、秘书长来访，天坛公园专门腾出昊园宾馆，全力保障服务。国际公园与康乐管理协会亚太分会代表团来京考察，东城区园林局朱宪一局长全程陪同并安排了周到的服务。这些都给我们留下了十分难忘的印象。

协会创造多个"第一"

作为北京市公园事业发展史上第一个公园行业社团组织，北京市公园协会创造了多个"第一"：北京公园行业第一次走出国门，派员参加了国际公园与康乐设施协会大会，并加入了国际公园大家庭；公园行业第一次组团参加国际交流，参加在新西兰举行的国际公园与康乐管理协会亚太地区会议，成为了亚太地区公园行业的重要成员；第一次组织全市公园行业开展学术活动，听取了专家关于国外生态园林建设情况的学术报告，并进行了研讨交流；组织编辑了第一部反映北京市公园建设管理成就的画册《京华百园》；进行了公园行业的第一次省际交流，派员参加天津市公园协会的活动，与外省市同行建立了联系等。其中参加国际公园与康乐设施协会大会的活动还经历了一些挫折：中国公园协会组团参加世界公园与康乐设施协会在比利时召开的年会，要求北京市公园协会派员参加，市科委在审查外方邀请函时发现IFPRA名单中有以中华民国名义参加的个人会员，拒批。毕竟这是涉及"一个中国"问题的重大事情，我们急忙通过中国公园协会致电国际公园与康乐设施协会，要求IFPRA务必将"中华民国"改成中华台北。事情还算顺利，国际公园与康乐设施协会当即复函改正，北京市公园协会的团员才被批准成行。在安特卫普会议上，北京市公园协会作为加盟会员中国公园协会的重要成员，被接纳为IFPRA团体会员单位，正式成为世界公园行业大家庭中的一员。1996年，公园协会派员赴新西兰参加IFPRA亚太地区分会会议，我是团员之一。会议在北帕默斯顿大学校园里召开。开会的当天，天上飘着小雨，当我们来到会场大门时，发现青天白日旗赫然挂在会场里，我们当即表示强烈抗议，拒绝进入会场，要求会议组织方立即摘下青天白日旗，悬挂五星红旗。组委会负责人连忙出来道歉，并快速地换上了我们的五星红旗。大会以热烈的掌声欢迎来自中华人民共和国的代表，中国代表团正式进入会场，以此为标志，中国园林工作者正式融入世界大家庭。

（作者系北京市园林绿化局公园风景区处副处长）

> 今年春来早，幽香袭京城！
> 2015年1月15日，一场大风，把大地的雾霾吹得干干净净，天空那么清澈，那么醉人。早早出门的人们，无不深深地吸纳着又凉又甜的新鲜空气，舒展腰身，投入到充满生机和活力的忙碌之中。

文/景长顺　图/许联瑛

东风神韵第一枝
——采访《北京梅花》主编许联瑛

在科学出版社的一个古色古香的四合院会议室里，一圈围合的会议桌上，每个与会者面前醒目地摆放着一本厚重、光艳照人、装帧精美的《北京梅花》。淡黄色的封套，红字红腰线，上方的照片里，东便门角楼及明城墙掩映在大丛的梅影和蓝天之间。会议桌中间，4株无锡冯氏老桩梅花盆景，正绽放出美丽的笑靥，散发出淡淡的幽香。

这里正举办的是《北京梅花》一书的首发式。《北京梅花》一书，许联瑛主编，由国家科学技术著作出版基金资助、科学出版社出版发行。发布会由科学出版社、中国花协梅花蜡梅分会和中国生物多样性保护和绿色发展基金会联合主办，来自首都园林界、新闻界、出版界以及各地梅花繁育、种植科研和企业的代表六十多人济济一堂，祝贺《北京梅花》一书盛装面世。

主编许联瑛是一个"南梅北移"的追梦者。她从2003年开始追随中国梅花泰斗陈俊愉先生，以求实审慎的科学精神，以虚心执著的治学态度，经历了十余年的时间，潜心研究、奋力求索，终于实现了她"梅花香飘北京城"的梦想。

《北京梅花》这本书，围绕着北京梅花这个主题，记录了北京梅花自元末600年间从无到有、从少到大观初成的发展脉络，记载了北京梅花品种125个。对梅花的栽培历史及相关文化源流、引种栽培、品种选育、栽培技术、园林应用、养护管理方法、相关科学技术成果、梅花文化发展及其历史成就等方面，进行了全方位的记录和阐释，填补了北京梅花多项空白。正如中国科

学院院士、中国科学院植物研究所研究员王文采先生在本书的序言所说："该书是关于我国著名园艺植物——梅花的一部空前的园艺学专著。"院士的一个"空前"二字道出了这本专著的地位和价值。

正值《北京梅花》出版发行之际，我们采访了这位初中毕业即参加工作，自学取得中文、建筑、园林三种学历，长期在园林一线工作的教授级高级工程师许联瑛同志，听听她的故事，分享她的成功和喜悦。

问：许工，听说《北京梅花》一书成书历经11年，请您介绍一下这个过程。

答：本书最初叫《北京梅花观赏图谱》，是原崇文区园林绿化局所承担"抗寒梅花品种在北京城区园林绿地中的引种和示范应用"课题的一项技术指标。从2003年11月预研开始到2015年1月完成，经历了11年还多的时间。其间，我先是与课题组同事一道从基础资料一点一点做起，2009年1月项目结题时，我认识了陈俊愉的博士生、中国农业大学的刘青林副教授，并从此与他精诚合作至今，本书的最终定名，就出自于他。2010年7月份，陈俊愉先生为这本书专门组织了包括北京林业大学、中国农业大学和北京植物园在内的多位梅花研究和应用者组成的写作班子，老人家亲自担任顾问，生前曾4次召开编委会。在陈俊愉先生的统筹组织和积极推进下，本书的进程与视野，与先前相比，有了跨越式的进步。此后，又逐步得到国内相关专业的多位专家的实质参与。如柯桂兰研究员对本书结构提出的"颠覆性"意见，以及在此基础上王文采院士给予的全面而重要的修订，还有靳晓白先生对英文的精心翻译和审查、李镇宇教授对梅花病虫害及其管理的独到研究等。

而我在2010年12月退休后，又应檀工（檀馨）之邀，来到创新景观园林设计公司，在新的环境中，檀工为我做梅花研究，提供了很好的工作平台。这本书前后十余年，凝聚了无数志愿者的心智与劳动，得到了国内外先哲们思辨广阔而深邃的思想启迪，曲曲折折，磕磕绊绊，但是，最终是在创新景观园林设计公司完成的。我相信，至少业内同仁对此一定会有不同寻常的感受吧。

是的，对比今天这样一个一切都可以速成的时代，我们能以十多年的专注与执著来完成《北京梅花》的编著，这本身足以让人感受到梅花所具有的魅力，不论多少困苦艰辛，我们毕竟生逢其时。对此，我的内心充满了感恩之情和由衷的妥帖，我仿佛真的能看到陈俊愉先生欣慰的笑容。

问：《北京梅花》一书的特色是什么？适合哪些人阅读使用？

答：这是一部具有鲜明中国文化特征、在思想理论和实践应用上都具创新的现代科学技术学术专著。本书强调权威与实用、严谨与通俗最大程度贴近。既重视科学分类，又突出整体综合。具有思想观点、科学技术和文化艺术价值并重、学术专著与科普与文化著作相互融合的特点。为专业人士服务，具有科学知识的准确性和权威性要求；为更多读者服务，具有通俗易懂、易于启发、提高公众科学兴趣、丰富文化艺术修养的特点，从而达到学术研究、科学普及和文化传播的目的。

本书既可供园艺、园林、植物、育种和花文化等学科从事研究和应用的专业人士参考，也可为社会更广泛的读者服务，还可成为花文化和植物爱好者的收藏。

问：在理论探索方面，这本书可以给人们哪些启迪？

答：陈俊愉先生在为我的专业文集《园林求索》的序言中，说我是一个"实干苦干而又能够钻研理论的人，她敢闯敢干，虚心学习又不拘泥于书本和专家，有打破砂锅问到底、从实干中找出确切的结论来的精神"。实际上，这句话概括了现代科学的求实证精神。通过回望过去的历史，我们知道，在某种意义上说，"科学"还很年轻，环境的变化和事物的发展存在着规律，但也是随机而千变万化。因此，不论是对理论或对实践探索，都需要对事物有敏锐的发现、持续的观察、足够的积累和理性的分析，我认为这是认识规律、特别是对理论探索求知的不二法门，舍此绝无捷径可行。

本书至少具有以下两个层面的重要意义：

在植物引种驯化方面，我们不但要重视现代科学技术的作用，同时还要正确理解、辩证认识以及合理地利用自然提供的生产力并借以更好地回馈自然；在社会学价值方面，通过在北京引种栽培这种具有中华民族精神特质的优良植物，为当下重振中华道德文化、实现中华民族的复兴之梦发挥应有的作用。

国际上的窘态，以图中华民族精神的重新振奋。但是此前，"南梅北移"和"国花"倡导了几十年，作为首都却一直处于无梅、少梅的境地，这也是一个不争的事实。现在，北京有了100多个品种，这是"南梅北移"理论的最大成果。本书的出版，可以说是对陈俊愉先生创立的"南梅北移"理论的成功实践和重要补充；是对陈俊愉先生毕生倡导用梅花精神重振中华道德重要思想全面、翔实和科学的诠释。

问：陈俊愉先生一生追求梅花，出版这本书对陈先生的事业有何意义？

答：我深深地理解陈俊愉先生伟大的爱国情怀。他认为梅花具有适应性强、迁徙性广、分布地多、共生性好的生物学特征，最能够代表中华民族的优秀精神特质。他认为，所谓"中华"，是世界中心之土地、中心土地之花也。中国没有国花，与中国作为"世界园林之母"地位极不相符，对推动中国花卉经济与文化走向世界极为不利。他积极倡导确立梅花牡丹双国花，是以图尽早改变中国在

问：您为什么要实现"南梅北移"这个前人无数次探索失败的事情?

答：是的，迄今发现"南梅北移"的记载始于元代，此后历代虽各有累进并绵延不绝，但直至20世纪50年代以前鲜见规模成功的报道。我想，这个前人无数次探索失败的事情，与自然气候的周期变化存在着必然联系。

结合我们在梅花项目之前，对相关植物引种驯化所做的一些工作，又幸得陈先生由梅花所引发，在更宽泛领域从理论到实践对我的口传心授，使我萌生对植物引种驯化理论进行探索性研究的勇气。在将近20年的研究过程中，我们在重视现代科学技术和人的作用之外，也分明地感受到了自然的力量。因此才能够归纳出陈俊愉先生"南梅北移"理论最重要的3个原则是"对历史气候变化规律的正确理解、对植物生态历史分布的辩证认识以及坚持循序渐进"的基本思想。分析出"南梅北移"的2段式起点和3个地域中心；提出从利用地理气候和掌握技术方法2个方面的循序渐进。

把我们今天看到的"成功"，放在"历史气候变化规律"的背景下审视，就会认识得比较清醒了。通过现代气象和地理学家竺可桢的研究，我们看到这样例证：福州是中国东海岸生长荔枝的北限，一千多年来，曾有两次荔枝全部死亡，一次在公元1110年，另一次在1781年。我理解这个意思是说，我们相信现代科学技术和人

力的作用的同时，绝不能稍有小觑自然的力量。人与自然断不可同日而语。

问：请您解释一下所谓的2段式起点和3个地域中心。

答：这来源于生态历史学说为现代植物引种驯化理论带来的重要启示。陈俊愉先生认为，随着最近几十年地球气候增温，梅花在适当栽培措施下迁地驯化，在一定历史时期内，完全可以重新在北方地区安家落户，达到或超过历史上分布的北限。我们通过多年实践又对这些思想进行梳理和归纳，目的是便于人们更好地应用。

"南梅北移"的起点和目标应当是2段式。

截至2003年，梅花从江南至北京迈出了第一步，跨越1300多千米，现在由北京向"三北"地区再迈出一大步，跨越约700千米。这些成果的完成历时49载，总路程2000多千米（陈俊愉，2005）。

第1段：江南至北京。

第2段：北京到"三北"地区。

自1957年以来的半个多世纪，通过自然和人工的共同作用，"南梅北移"形成了江南、中原和北京3个中心。

问：您在实践中遇到哪些困难？是如何克服和跨越的？

答：本书的编写，作为一项没有资金支持、先后持续了这么长时间的项目，由我一个人逐步扩展到这样一个很大的志愿者团队，其中一定是困难与机遇并存，痛苦和喜悦交替的，而我就是在这样的环境中历练成熟的。难以想象的困难是一种客观存在，但对困难的理解和态度却能表现人的思想境界。通过陈先生从提出梅花作为国花到倡导梅花牡丹双国花的历程，我清楚地理解了先生的思想感情和哲学观点，并不断接受他"以梅花精神，做梅花事业"情操的感染。如果说，以前我还不太明白，遇到委屈还会抱怨，以前我还不算坚强，有了困难也有退缩，那么，是先生的言传身教启发了我：尊重自然、认识规律、相信科学，什么都不可怕。先生"不知足而常乐"的训诲，使我变得执著而豁达。

问：您"千株百种"的梦想实现了吗？

答：您在2011年来明城墙遗址公园赏梅时，赠给我的诗歌不是已经预言了这件事情吗？"百种梅品非痴梦，千株名园信芳心"。今天，在各相关领导的重视下，这个梦想已经非常理想地实现了。《北京梅花》中记载了125个品种，这只是一个稳妥的保守数据，实际上品种的数量多于这些。

问：北京梅花发展的现状和前景如何？

答：据不完全统计，北京现在种植梅花的地方超过了40多处，比较著名的赏梅地点有北京植物园、鹫峰国家森林公园、北京林业大学、明城墙遗址公园、龙潭公园、紫竹院公园、钓鱼台国宾馆、龙潭西湖公园，还有大兴、顺义等一些生产性苗圃。绿地类型也是丰富多样，包括了遗址公园、综合公园、专类公园、居住小区、机关庭院、学校、街头绿地、别墅花园等。立地条件有较好、一般、较差、差4个等级。示范区绿地面积从几十平方米、几百到10多公顷不等，在北京行政区划内呈规律性均匀分布，可以为梅花在北京地区的普遍应用提供多样性参考。

相信随着本书的出版，北京梅花及其梅花精神会为更多的人们所喜爱和认识，梅花事业也会迎来更美好的发展前景。

（作者系北京市公园绿地协会秘书长；
《景观》执行主编）

文图 / 吴兆铮 杜洋 徐敏

北京动物园的厕所文明

有旅人曾经说过,看一个国家、一个城市的文化和发展水平,到当地的街头和厕所看一看就会得到答案。厕所是城市文明之产物,厕所是小中见大之代表,厕所是管理水平之体现。

"厕所文明"对北京动物园而言,一是认识,二是建设,三是管理。三者相辅相成,缺一不可。游客在公园体验厕所,感受公园的工作理念。

一、动物园厕所的变化

北京动物园游览区共有厕所13座,多年来厕所数量没有多少改变,但厕所的改造,包括软硬件的建设始终没有停止,从公园游客调查统计看,厕所的变化得到了游客的普遍赞赏。尤其是近年来,在动物园新改建的厕所内,游客竟会在其公共间中照相留影!园内厕所正随着公园以及北京城市建设发展一步步改进和提升。

记得在2007年前每逢黄金周,动物园都要为节日人多提前租借临时厕所或男厕小便桶,游客上厕所要排队,公园管理方和大部分游客对厕所的认识多停留在"五谷轮回之场所"上。对厕所的标准:方便就成,干净更好。谈不上舒适、隐私等等。

2008年北京奥运会对北京城市和公园管理是极大的促进。"奥运标准"体现在公园各方面,作为服务设施的重要一环——厕所,成为提升公园服务的重点。相应的资金支持很快到位,厕所中卫生纸、洗手液、干手机都配上了,服务人员服装也换了,但厕所的整体感觉并没有达到想象中的效果,究其原因则在于我们公园人对厕所的认识!投入的费用不比首都机场厕所的低,但二者却不能同日而语,客观上归结于公园游人多且一些人素质低,但公园厕所从规划—设计—建设—装修的先天不足才是制约公园厕所水平的根本。源头问题导致顶层设计失败,下游工作再努力收效也不会明显。

总之,北京奥运会改进和加速了公园对公园服务包括厕所在内的认识转变,公园事业的发展、公园厕所建设的实践催生了公园厕所的改变。

二、新的公园厕所价值观

厕所是公园"入园第一印象"工程。游客到公园游览最常见的是售/收票人员、保洁人员、安保人员等一线作业人员,最基本的必到之处一定有厕所。一线作业人员的行为和厕所、园容、服务设施等服务的软硬件共同构成了公园服务产品的基本要素。

公园是传播和提升公众文明的重要场所,而公园的服务产品则是一个公园文明的载体和传播平台。举几个实例:2013年"十一"狮虎山厕所建成开放,高峰时段入厕人数500人次/5分钟;2014年"十一"西南门厕所建成开放,高峰时段入厕人数375人次/10分钟。2013年公园厕所年接待量达1200万人次以上(公园年游客量822万人次)。

公园厕所是公园工作的诠释和窗口,公园厕所文化传递给游客的是一个公园的服务(管理)的价值观,公园管理者应该调动一切资源实现服务能力和水平的不断增长,把最好的、最高的投入用在服务游客上,使之产出更好的社会效益。

三、依托精细化和数据化管理的厕所建设

转变对公园厕所的认识之后，公园人认真进行了工作分析，就现阶段投入和管理而言，动物园厕所应该可以达到同为公共场所的首都机场厕所的水平。在确立了工作目标后，公园组织设计、建设、管理等方面的人员多次实地考察，首都机场的厕所比公园厕所优在什么地方？工作人员整理并从网上收集了大量国内外厕所资料，在2010年借助地铁4号线腾退工程暂设占地、猴山厕所重建之机，开始了厕所提升改造建设。2012年北极熊展区厕所建设、2013年狮虎山厕所改造建设、2014年西南门厕所改造建设，本着节约费用、搭车改造建设、突出动物园特色、达到首都机场厕所水平的工作思路，运用PDCA工作法，动物园厕所改造建设工作做到持续改进、不断提升，使厕所逐步成为动物园的景观。

北京动物园厕所建设是基于精细化、数字化的有效管理，经过不断的工作探讨和摸索，公园总结出通过数据分析指导工作的厕所建设管理方法，从多人群、多点位、多角度、多频次地关注游客意见，严格厕所日常工作标准，建立游客评价、检查结果等数据加分析改进实现推动工作的机制，通过逐步形成的一套可持续发展的工作方法和机制，动物园厕所朝着建设特色化、管理科学化、作业职能化的方向努力。

（一）数据指导管理，月报分析做积累

公园自2008年建立厕所月报，对厕所入厕人数、使用频次、基础设施、报修项目、游客满意度、卫生用品耗材量、检查问题进行数据收集和分析。以2008年为例，全年每日平均入厕人数为30292人次，全年入厕总人数共计10905120人次；日均消耗大手纸42卷，共消耗15120卷；日均消耗小手纸53卷，共消耗19080卷。全年入厕人均享受4.5分钱政府补贴，人均消耗手纸长度65厘米。（注：大手纸一卷长450米，小手纸一卷长15~16米），在数据分析基础上，规划厕所的建设规模和格局，制定厕所保洁服务水平与标准，形成厕所各项工作流程。

（二）引入社会化保洁，形成层级化管理模式

自2009年，逐步引入社会化保洁，试行厕所层级化管理，推行"管干分离"的工作要求，实行厕所周例会制度，以进一步稳固和保持厕所保洁服务标准和水平。以2010年为例，全年组织并进行42次厕所周例会，36次全园厕所工作综合检查，11次专项检查，开展6次厕所工作培训，编写12份厕所月报，持续对入厕人数、使用频次、基础设施、报修项目、游客满意度、卫生用品耗材量、检查问题等方面进行42次数据收集和分析工作。经统计，全年入厕总人数共计1368万人次，同比2009年增幅达39.7%，无一起服务投诉发生，厕所满意度为94.1%。

（三）固化"精细化"管理成果，厕所文化建设卓有成效

自2011年以来，公园通过制定景观环境管理的前瞻性规划、细分景观环境类别，并以厕所数据分析为基础，结合公园建设的整体性原则，总结规律，将其固化并推广复制，逐步形成北京动物园厕所管理建设的管理体系层级化——服务项目人性化——设施提供特色化的"三化"特点。

北京动物园遵循对公共服务的认识，努力建设厕所使之成为方便舒适享受文明的场所。与动物园正门风格一致的猴山厕所，以明亮、紧凑、大容量为特色，满足门区大客流的需

求。步入北极熊馆厕所，仿佛置身红枫摇曳的金秋，透过玻璃就可以看到北极熊自由地水中嬉戏或漫步，以蓝色为主色调的男卫生间洁净清爽、以粉色为主色调的女卫生间温馨浪漫。与牡丹亭景区协调的虎山厕所具有中式古建风格，生机盎然的绿植墙，清新自然，游客们纷纷驻足留念。西南门厕所遵循着男蓝女粉的主色调，公共间不大的分隔墙中的鸟巢、鸟蛋更是彰显动物园独特风采。

结束语

国际社会，早在2001年就成立了World Toilet Organization（WTO），即世界厕所组织，由新加坡卫生间协会、日本厕所协会、韩国清洁厕所协会、中国台湾厕所协会联合创办，总部设在新加坡，每一年的11月19日被命名为世界厕所日。北京动物园游客每年都在增加，园内13座厕所我们只改造了4座，任重道远，服务无止境。

（作者吴兆铮系北京动物园园长；杜洋系北京动物园管理科副科长；徐敏系北京动物园办公室主任）

景观 | 创新天地

编者按
　　2015年1月13日颐和园官方APP正式上线。随着APP的利用与服务，颐和园面向公众提供的自媒体网络平台智慧旅游服务也逐步趋于成熟和完善。本文从APP说起体验和分享颐和园智慧旅游服务。

文 图 / 高翠萍

让游览尽在一指掌控中

海报

　　逛颐和园，导游在哪里？其实就在你的手机里！只要手机里安装一款颐和园免费提供的APP导览软件，便可尽情畅游皇家园林，感受历史，体验文化，让游览尽在一掌指控。游客黄女士在颐和园东宫门用手机扫描二维码安装软件，手机上立即定位显示"您所在的景点是颐和园东宫门"，然后软件自动推送东宫门详细的图文及语音介绍，并推荐从这里游园的各条线路，游览途中还可以通过电子地图查看景点附近的商亭、厕所等服务设施。黄女士说："颐和园面积广，景点多，有了这样的导览，游园不再是走马观花了。"

　　是的！导览里包含了全园112个景点近8万文字和主要景点语音介绍、160余张图片，全面深刻介绍了颐和园的景观文化，详细准确的解说定能让您尽享颐和园的文化之旅。它像一个经验丰富的导游，当您跨进颐和园的大门时，它能及时地向您

让游览尽在一指掌控中

游客体验

推荐您当前的游览线路线路及沿途景点；当您在颐和园中漫游时，它能根据当前您所处的景点，为您提供生动的语音解说及详尽的图文介绍；当您离开颐和园时，它是一本妙趣横生的颐和园百科全书，图文并茂地向您展示着颐和园深邃的文化内涵和丰富的历史积淀，引领您进入中国皇家园林文化的艺术殿堂。

这是颐和园官方推出的、将景点信息与自助导览功能完美结合的一款客户端软件。导览整合了园区景观、展览、活动、设施及周边服务，主要为游客提供智能推荐游览路线、自动推送附近景点、电子地图定位使用、游园百科和信息检索服务等内容。景点自动推送是导览最大的特点，也是与其他应用最大的不同，除了包含传统导览APP的地图、解说等功能外，在于通过苹果公司推出的"iBeacon"传感设备进行定位，会对10米至50米范围内的客户端进行调节式触发，自动推送当前景点。游园时，游客只需要打开蓝牙设备，便会随时接收信息服务。

为方便广大游客知晓使用，颐和园在门区推出导览宣传海报、景点牌示标注二维码，分别在苹果网上商城，各大安卓网店豌豆荚、腾讯、百度、360等平台提供下载使用；颐和园官方网站、微博、微信也制作专题页面推广和介绍。

颐和园手机导览是顺应旅游形式发展而产生，为游客提供了全新的智能参观方式。2014年国家旅游局将这一年旅游主题定为"智慧旅游年"，旨在充分发挥旅游主题年在市场宣传推广和产品开发中的引领作用，要求以智慧旅游为主题，通过网络、手机应用程序等工具，努力为海外游客在信息收集、行程安排、游记发布、后期评价等方面提供智慧化服务；同时随着移动互联网和智能手机的普及，人们使用智能手机的频率越来越高，移动办公或服务使用已成为市民生活的一部分，传统的共性化观光旅游方式已经落后于时代发展，智慧化的导览和系统正在悄然改变着人们的出游

网站APP专题页面

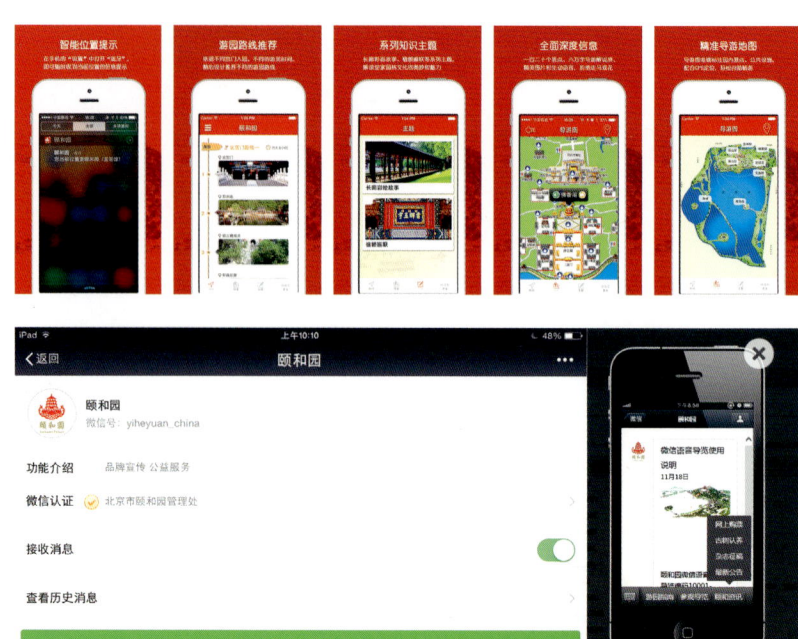
微信　　　　　　　　　　　　　　　　　　　　微信页面

方式，还有颐和园的自身发展需要也催生了手机导览的建设和利用。颐和园导览建设旨在为游客提供一套内容权威、信息量大、操作方便的移动数字化导览系统，让游客能便捷获取游园的各种信息。

手机导览是讲解服务重要力量和补充，是引领园区规范讲解的标杆和示范。目前，颐和园有导游员讲解、语音机租用和APP导览三种介绍服务，相比前两种介绍，手机导览解说全面，使用免费，并提供延伸文化挖掘和信息查询服务，是颐和园现有讲解服务的重要力量和补充；其导游词根据颐和园管理处编著《颐和园导览》一书整理编辑，语言通俗生动，内容详实丰富，从多方面向游客介绍颐和园的景观、园林、花木、建筑、历史、文物等内容，是游客领略颐和园文化的权威资料，是引领规范讲解的标杆和示范。

手机导览和颐和园网站微博微信共同构成颐和园自媒体网络服务平台共同开启颐和园智慧旅游服务新局面。随着手机导览推广使用、微博微信现在已成为继新闻网站、论坛、博客之后网络舆论互动的主要载体之一。在这个"全民皆微"的时代，颐和园抓住良好契机，近年建立起多元化的自媒体网络平台智慧旅游服务，面向公众分层次提供颐和园官方网

颐和园的微博

站、微博、微信和颐和园手机导览客户端四类综合性网络服务，形成颐和园自媒体智慧旅游服务新阵地。目前，智慧旅游服务辐射面广、针对性强、亲合度高、传播性好，在一定程度上提高了颐和园的社会影响力和公众服务力，取得了较佳的社会效益。

2000年颐和园官方网站开通，标志着颐和园从此迈进数字化时代。网站以广大中外游客为服务对象、全面介绍世界文化遗产颐和园情况为职责的公益性、服务性及专业性网站和展示首都形象的第一门户和窗口。网站第六版于2014年上线，为中英文版本，包括游园指南、景观景点、名园文化、虚拟游览、360度全景及咨询答复等内容，累计展示推广图文资讯1000余篇，年浏览量超过百万。

微博于2012年开通，包括新浪、腾讯两个官方平台。"服务社会、第一报道、互动广博、资源共享"是颐和园微博服务的宗旨，"游园资讯发布、园林文化普及、对外宣传报道和舆论导向引导"是颐和园微博服务的主要目的和内容。2014年微博以文化接地气为主导发布游园活动97项，博文756条，景区文化推广良好，颐和园微博也以出众影响力上榜本年第一、二季度《北京政务微博风云榜》十大景区/景点，排行第5名。颐和园微博正逐步发展成为除网站、博客外的又一重要官方网络发声平台、游客

互动交流平台和媒体业界获取官方报道的第一喉舌。

"颐和园"微信公众服务号于2013年11月开通,以广大游客网友为服务对象,提供便捷的信息资讯、服务导览和实时互动服务。通过菜单设置为游客提供游园指南、参观导览、颐和资讯三个菜单十余个栏目的基础游园信息查阅服务;利用关键词自动回复为四十余个主要景点进行编号,通过编号或名称对话为游客提供微信语音导览服务;利用群发功能为用户群发游园动态、公告、美景及展览展

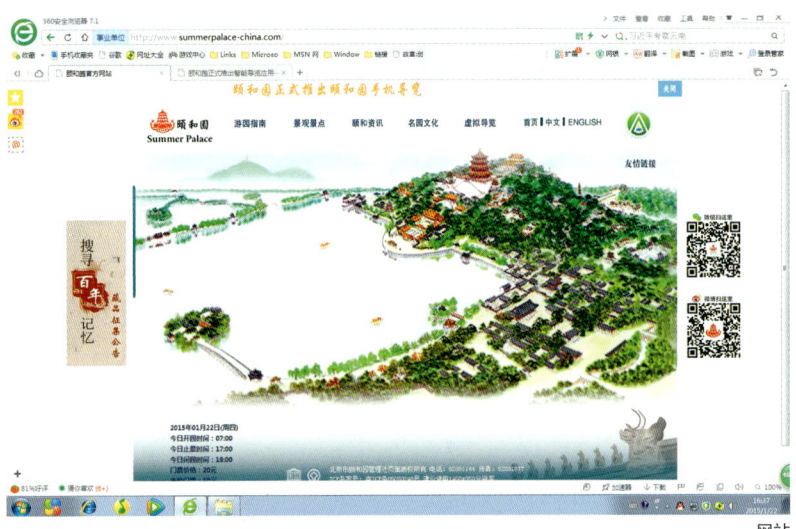

网站

微览

微览内页

讯等内容。网友关注分享良好!"颐和园微览"微信公众订阅号于2014年12月9日开通,旨在向社会各界推广颐和园历史文化和园林内涵,传播中国传统文化,使社会大众感受文化遗产的魅力所在,微览上线短短一个月,发布文化专栏十三期,吸引五百余用户积极关注账号分享美文。

智慧旅游服务不限于上述,二维码使用也是其中重要部分。2014年,颐和园也与百度百科合作,为园内的168种的3000余棵树木量身定做了二维码标识牌,游客可以通过使用智能手机扫描二维码获得有关树木的详细介绍。这是为了满足数字化时代游客了解颐和园植物更多信息的需求而专门制作,也是颐和园智慧旅游重要内容。

为方便游客便捷体验智慧旅游服务,颐和园还将在各大门区和游客密集的游览区域面向公众开放免费无线WiFi。西宫门、文昌院、长廊邀月门、北如意门广场附近,八方亭至文昌阁东堤沿线都已铺设好无线网络,只是尚未向公众开放。为了不影响文物及景观,颐和园不能实现无线网络全覆盖,但WiFi将在游客密集的服务区域逐渐陆续开放。

不久,颐和园还会在园区局域网服务器上专门为公众开辟网络空间,制作专门手机访问页面,为游客提供即时动态数据加载、信息查询和游园体验分享服务,游客可点击相应功能图标进入对应功能服务模块,感受颐和园便捷高效的游园资讯服务。

颐和园自媒体网络平台智慧旅游服务系统架构完善,服务对象明确,信息推广良好,受众群体广泛;平台间相互借力,资源共享,已形成良好的自媒体网络服务模式。智慧旅游任重道远,未来颐和园会持续跟随时代步伐、把控信息脉搏、挖掘文化资源、整合服务项目,为游客游园提供全面智能的信息导航服务。

(作者系颐和园影像信息中心工作人员)

名园春秋

文 / 袁长平

惜之，喜之，晞阳阿

"与女沐兮咸池，晞女发兮阳之阿；望美人兮未来，临风怳兮浩歌。"（译文：同你一起沐浴于天上咸池，在太阳升起的山谷把你的秀发晒干。遥望美人仍未来，我迎风恍惚地高唱。）源于屈原（前339~前278）《九歌·少司命》。乾隆皇帝引用此典故在香山静宜园营造28景之一——晞阳阿，其景观境域秀美，寓意深刻而隽永，意境浪漫而优美。

据史籍记载：晞阳阿之地自古为仙人炼丹之处，其山谷架设有石质丹炉。南有一座高大的石壁，卓立如伟丈夫，下有石窟，深广盈丈，俗呼朝阳洞，内有清泉一眼，洞内供奉龙神像一尊。洞外向南石上刻"朝阳洞"三个大字。乾隆帝御制诗文云："传闻仙姥此烧丹，云浆玉液供丹灶。骑上茅龙何所之，虚无铛釜遗层峤。"茅龙，东晋时传说为龙之一种，大禹治水曾乘之。

乾隆十一年（1746）御制《晞阳阿》诗序曰："逾丽瞩楼而北，过小岭，有石研立，虚其中为厂，可敷蒲团晏坐，望香岩来青，缥缈云外，其南数十步复有巨石，卓立如伟丈夫，俗呼朝阳洞。日下旧闻不之载，盖无僧寮亭榭，为游人所忽耳。命扫石壁烟煤，芟（shān）除灌莽，取楚词为之名。"诗文曰："我初未来此，雾翳尔许深。扫石坐中唐，一畅平生心。仰接天花落，俯视飞鸟沉。自惟昔岂昔，乃知今匪今。"其文记述到此仰接宛似天花细雨，俯视飞鸟翱翔，顿悟古今的畅怀心境。

乾隆皇帝充分因借朝阳洞之地，在洞上建造了三楹硬山观音阁一座，坐北面南，内供奉观音菩萨一尊，悬黑漆红字乾隆御书"净界慈云"匾额；殿内龛上悬御笔"现清净身"匾额。观音阁西建重檐四角攒尖顶延月亭一座，可观山中之月，亭檐向东悬御书匾额。朝阳洞东建一座四楹歇山晞阳阿殿，坐西面东，外檐向东悬御书粉油蓝字"晞阳阿"匾额。另有一座三楹敞厅迟云馆，尽览云卷云舒，外檐向东悬御书匾额。

惜之，喜之，晞阳阿

晞阳阿为一处独立景区，其殿前御路建有两座牌楼，东坊匾额为"萝圃""秀岑"，西坊为"丹梯""翠崿"。从其坊题额可以体会到乾隆皇帝引经据典给予此景观的特殊意义。丹梯，寓意为山高峰入云霞处；也谓：山上升仙之路。翠崿、烟萝，草树茂密，烟聚萝缠，道家称幽居或修真之处。晞阳阿坐落在面西朝东的山坳里，西、南、北三面翠峰叠嶂，崖壁萦回，石壁下古壑流清，面东境域开扩，视野无垠，俯万寿山、玉泉山，香岩、来青缥缈云外。特殊的地理环境，使其负阴抱阳，冬暖夏凉，尽享眺望之美，尽观云雾时聚时散，舒卷变幻。乾隆皇帝曾14次到此地游览并留有诗文，其诗文真实、质朴、自然地记录当时的场景，从中可以品味到乾隆皇帝每次到来都对此景给予着不同的情怀。

"游园不废政务"是乾隆帝游赏御苑、巡幸外出的原则。乾隆帝一生82次驻跸香山静宜园，其所作御制诗文中可以体会到他智仁山水、畅游山林和修身、治国、平天下、稳江山的审思。据清宫档案记载：当年晞阳阿殿内陈设有《钦定新疆识略》二部四套、《御定题书诗类》一部四套、《钦定春秋传说汇纂》一部四套、《全唐诗录》一部四套、《皇清开国方略》四套等书籍，以及内廷供奉画家张若霭、杨大章等字画。乾隆十二年（1747）御题《晞阳阿》诗曰："……晞阳坐云窝，旷览恣清娱。即景思赵衰，况予司化枢。"诗文中记述了乾隆帝治国教化枢机、思相思臣的情怀。

乾隆二十七年（1762）御制《朝阳洞》诗云："肩舆陟层淑，蹬道几千转。众树方尽歇，万松颜不变。山凹时驻步，向暖息人倦。数息亦造极，石洞冠古殿。殿中坐大士，洞中天龙宴。周旋向下视，满谷曦迎面。冬日乃如春，广厦吾心缱。浙中初阳台，胜迹宁独善。"葛岭之巅的初阳台，传为葛洪炼丹所置。每当清晨日出之际，四山皆晦，台上已明，瞬息间，旭日露脸，霞光万道，红满东天，离奇变幻，不可捉摸。葛崔朝曒，早在元代即被列为钱塘十景之一。相传，初阳台上还能在每年农历十月初一日见到日月并升奇景。清雍正《西湖志》记载：旭日初升时，山鸟群起，遥望霞气，一影互相照耀，传是日月并升。乾隆皇帝赞誉朝阳洞、晞阳阿之地宛似浙中的初阳台。

观稼问农是乾隆皇帝建造香山静宜园的重要原因之一。乾隆皇帝每每春、秋季在静宜园驻跸时，既可望到远处村庄和平整的田野，那里耕地的、除草的、收获的、送饭的历历在

在乾隆皇帝52、53、69岁再游晞阳阿所作诗文中又感叹道："冬日乃如春，广厦吾心缱""于冬不厌暖，爱此号朝阳。盾衰曾有喻，为政贵之方。""君阳而臣阴，朝者纷焉造。设非付大公，物来奚朗照。朗照非察察，无欲观其妙。"阐述了治国要靠法度与准则，贵在立贤有方，万邦有方，冬日如春，下民之王的义理和道理。

乾隆十二年（1747）御制《晞阳阿》诗曰："阴岭辟圆户，石林得仄途。匡匜玉屏围，避风静霜株。温曒金乌临，送暖烘冰须。晞阳坐云窝，旷览恣清娱。"诗文描述其优美的环境，同时又将此地与武夷首胜之云窝相媲美。武夷山云窝位于接笋峰西壁岩下，周环响声岩、丹炉岩、仙迹岩、天柱峰、更衣台、天游峰、苍屏峰，巨石倚立，背岩临水。云窝有上、下之分，铁象岩上，叫上云窝；岩下，叫下云窝。据《武夷山志》记载：云窝历来是古代文人墨客、名宦隐者潜居养心之所在。

朝阳洞西侧山石上镌刻着乾隆御制八首《晞阳阿》诗文，从中可以感受到晞阳阿的秀、奇、暖、胜、幽与武夷山的云窝不分伯仲。

目。杏花开放、莒叶生长，观节气变化从而知晓农业生产变化。

每逢春秋乾隆帝必到香山登高畅情，而祈雨佑农是其重要的内容。每逢干旱，乾隆皇帝必到龙王庙祈雨，在京郊求雨的主要地方有五处，即黑龙潭龙王庙、觉生寺、清漪园广润祠、香山静宜园朝阳洞和玉泉山龙神祠。据《日下旧闻考》中记载："朝阳洞深广可丈余，内供龙神"洞内有山泉一眼，故供奉龙神。

乾隆五十年四月十一日驻跸香山，登晞阳阿祈雨，御制诗中记载："洞中塑天龙，雨旸所司统。致拜祈甘泽，继润佑农种。"到十五日回到圆明园后，果然喜降甘雨。乾隆五十一年（1786），乾隆帝又到朝阳洞祈雨，其御制诗注记载："洞中供龙神，祈雨辄应。昨岁于此虔祷，至十六日夜得雨，兹复来祈请，惟祈早沛甘膏，毋似去年待至后也。"御制《朝阳洞》诗文写道："像设龙神石洞中，拜祈膏雨尽虔衷。望空恐似去年例，惭愧依然今岁同。"希望今年祈请能早沛甘膏，不要等到望日以后才降雨，仍然像去年一样。乾隆五十二年（1787）《朝阳洞叠去岁韵》云"昨去今来一瞥中，拜缘请雨愧由衷。五更作阵凌晨罢，诚恐乃如客岁同。"其诗注云：现在二麦望雨甚殷，昨夜四鼓作云，五更落雨，惜不及寸，惟吁龙神早沛甘膏，以慰藉厓念耳。可见思政思农，祈雨谢雨，农业丰歉萦怀于心溢于言表。乾隆皇帝每次到香山登高望远，常常为天下农业的丰歉萦怀于心，体现他勤政务本、殷心农务、重农兴稼、盼望岁绩的立国思想。

乾隆十三年（1748）御制《晞阳阿》诗曰"古洞香山奥，锡名曰晞阳。盘盘历曲栈，宛宛成回冈。精舍构其间，冬温夏复凉。四序无不佳，斯时景最良。一窗暖日明，万嶂石林苍。冰泉哀玉声，霜叶水晶光，近郭与远村，烟里辨微茫。披卷晤古人，获我心中藏。"乾隆三十二年（1767）御制《朝阳洞》诗曰："宛而复中隆，随宜置山殿。取朴弗取华，好山四面围。憩坐吟我诗，亦以歇人倦。山鸟弄春声，可听不可见。"赞誉此景酷似东汉末诸葛亮隐居处古隆中。古隆中景观起源于西晋，有近2000年的历史，因诸葛亮"躬耕陇亩"、刘备"三顾茅庐"引发《隆中对策》，被世人称为智者摇篮、三分天下的策源地。明罗贯中《三国演义》对其描述曰："山不高而秀雅；水不深而澄清；地不广而平坦；林不大而茂盛；鹤相亲，松篁交翠。"

品读香山静宜园28景中最浪漫的景观晞阳阿，可以体会到集君王、哲人、诗人、艺术家、造园家为一身的乾隆皇帝对这片山林寄予的奇思妙想，通过构筑"神仙境界"营造了"人间仙境""仙人共一"的意境，为造园艺术开创了极其重要的布局与手法，充分体现了山林地造园的文化极致。

惜之，香山静宜园于咸丰十年（1860年）同圆明园、畅春园、万寿山清漪园、玉泉山静明园一起被英法联军劫掠并焚毁，其28景遗址荒芜百年，阅尽世间沧桑。

喜之，香山公园已于2005年完成公园总体规划和文物保护规划，2012启动以香山永安寺为代表的静宜园28景复建工程。目前，晞阳阿景区已全面完成建筑主体，越年游客既可身临其境，登高览胜、抒怀游目，尽情品味其内涵丰富的景观文化。

（作者系香山公园副园长）

沈从文（1902~1988年）系湖南省凤凰县人，苗族。他是我国现代文学史上一位重要的作家。同时，还是一位文物历史学家。无论在文学上，还是在文物历史方面，他都做了杰出贡献，取得了骄人的成就，享誉国内外。

文/唐润

沈从文与颐和园

霁清轩紧邻的谐趣园

沈从文先生一生坎坷，经历丰富，阅历宽广，感受深刻。早年，他来往于川、湘、黔等地区，在当地旧军队当过兵，做过旧军队的警局文书、报馆校对等工作。1922年受五四运动余波的影响，从故乡来到北京，求学未果，便练习写作。4年后，他来到文人集中、革命潮流激变的上海，结识了许多文艺界人士，在此与人共办文学刊物，继续发表小说或散文。后来在上海中国公学院、武汉大学和青岛大学教授写作课程。抗日战争爆发后，任教于西南联大。抗战胜利后随北京大学师生回到京城，被北京大学聘为文学系教授，直至1949年底。由于他有极为丰富的生活经历和阅历，加上自己坚韧不拔的刻苦精神，只有小学文化程度的他，以不俗的表现手法写出了大量的小说、散文。从20世纪20年代至40年代，出版作品达70余种，在文学界产生了深刻的影响。尤其是在"文革"结束后的30多年中，其作品影响更加广泛，其名声响彻全球。这时研究沈先生作品的人越来越多，真正懂他、理解他、认识他的人也越来越多。当今，沈从文已经被世人称为有民族特色、有独特诗文体和新鲜空气、以情节取胜和具有典型乡土气息的一位伟大作家，为文物研究做出非凡贡献的文物历史学家。

沈从文先生是一位勤奋的作家，他一生笔耕不辍，著作等身。在他离开我们14年之后，由北岳文艺出版社出版了《沈从文全集》33卷，其中，文学作品有28卷，另外5卷是文物历史研究的文论与专著。20世纪50年代初，由于历史的误解，他中断了文学创作。后来，受周恩来总理的重托，便专门从事中国古代文物研究，经过30多年的艰苦耕耘，取得了举世瞩目的成就，于1979年完成了由周恩来生前提议编写的近30万字、图文并茂的《中国古代服饰研究》巨著，填补了我国在这个领域中的空白，受到党和国家的高度赞扬和重视，有关领导写信向沈从文表示祝贺。此后，这本巨著作为国礼，成为我国领导人出访时赠送给外国元首的礼品。沈从文先生在倾心研究我国文物、撰写上述巨著之际，仍然写了不少散文、诗词和杂记，其中，《春游颐和园》一文，就是先生于1956年写的一篇优美的散文，这也是继他在1948年写的《霁清轩杂记》之后的又一篇力作，堪称导游性的佳作。由此可以说，沈先生早就与这座美丽、大气的皇家园林结下了不解之缘和深厚的情谊。

沈从文先生多半生都是在北京这座古老的城市度过的，他对这座城市的大街小巷，一砖一瓦烂熟于心，了如指掌，爱之极深。他对颐和园更是喜爱有加，情有独钟。据《沈从文年谱》及其他资料记载，他生前来颐和园有5次。其中，有2次他偕同家属和友人来园小住霁清轩避暑，并且写了一篇《霁清轩杂记》。

1947年和1948年的暑假，应北京大学教授杨振声的邀请，沈先生偕同家人来到颐和园中的霁清轩小住，同时与之一起来住的还有夫人张兆和的妹妹和妹夫。两次来园小住中，只有1948年那一次有详细记载，沈先生

的《霁清轩杂记》和写给夫人张兆和的6封信可以为证。究竟沈从文先生住的霁清轩在颐和园什么地方呢？此轩是什么样子？他在那近万字的《霁清轩杂记》中都写了些什么呢？要回答上述问题，最好还是细读一下这篇《杂记》吧。

沈先生笔下告诉我们："霁清轩的大门在谐趣园的一角，陌生人却不容易发现。门前石板路倒还有意思，据说是慈禧太后听人说故事的地方。老婆子按时必坐在一个石凳上听故事，每天说一回。照我估想可能会说到《红楼梦》中贾母和刘姥姥。"其实"霁清轩"并不难发现，进谐趣园之后，顺长廊往北行，穿过一片竹林，爬上小山坡即看到它的小门楼、院墙和门前的石板路，路的一端有一石凳。霁清轩是颐和园东北角别具一格的独立小园林，是清漪园时期的建筑。当时与谐趣园相连，没有围墙，两个园子自成一体，但风格迥异，各具特色。谐趣园四周亭台围水而建，而霁清轩这组建筑依山而建，园内主要有霁清轩、清琴峡、莹心堂、玉涤室等建筑，各个建筑用游廊相连。

其院内具体格局，沈先生描述道："就全个霁清轩说，在颐和园中算是最有丘壑的一所房子。一共四栋可以住人，分置在上上下下，用一条能起回声的长廊连接。""一进门院坪坪空空的，迎面是霁清轩，廊柱楹桷全髹绿漆画上紫藤……轩背后是个斜坡，利用天然一片大石头作成。石头在半中摺绉了一下，绉摺处就成了一道溪流，从后湖引了一缕活水穿石而过。坡度既相当斜，涧中又有些石头阻塞，活水下漱，于是玲玲琮琮仿佛有点琴韵。白天受知了吵杂混耗，水声不觉怎么大，入晚即十分动听。所以两边高处一所房子，就名为清琴峡。""霁清轩和清琴峡都是乾隆题的名，清琴峡房子有两个对面炕，格局小而精致，很可能乾隆慈禧前后住过，乾隆还在那炕上听泉赋诗，或坐在门前大石磴上赏玩野景。""全院中除了可供人住的四栋房子，大石堆高处还有个独立绿漆方亭子，亭于四围大石间还生长有几株松树，树大已合抱，姿势派头都蛮好看，也许还是乾隆亲眼看到小太监移植的。亭子下面看稍大一点，在亭中却大小合适。当时如在上面奏细乐，于月白风清之夜，与景物相称。"

以上引文是沈从文先生于1948年夏季对霁清轩内部格局的概述，有的地方描绘得较粗，有的地方勾画得比较细，不过从中我们可以感觉到这座院子或曰小园林中的设计，在颐和园百十所住宅中最具有逸格雅趣的一所，也是最有丘壑的一所房子。可谓"风景这边独好。"如果就沈先生的描述再多用点笔墨小析一下，越发使我们感触到它的美了！

霁清轩正门面南，一进入，迎面就是一座坐北朝南前后挂廊两暗一明的三间北房，它建筑在一块巨石顶端的平台上，往下而行是斜坡，在巨石坡中间，有大方亭矗立，连接方亭两侧长廊顺斜坡曲折相对延伸，呈"U"字形。在巨石下端中央又有小亭翼然，亭中有雅座，惠风四面徐来，可在此品茗，可听戏，可听天籁之音，悠哉！乐哉！这小亭很别致，近似蛇足，沿曲廊而下是巨石的尾端，有一天然而成的弯曲峡沟，当年流水潺潺，似琴韵，故美名为清琴峡。峡沟中的溪水从园中的后湖引来，一分为二，向南经玉琴峡流入谐趣园内小湖；向东进入清琴峡并经其下的暗道顺山势流向东北的圆明园。小亭西侧的曲廊连接着当年乾隆皇帝和慈禧太后常常小住的一所房子——清琴峡。清琴峡因水而得名，倍受乾隆皇帝的喜爱，为此，写了九首御制诗大加赞美，对水声琴音予以绘声绘色的描写。如"高山流水常成操，岂必知音待子期。""峡即琴之桐，水即琴之弦。""流泉出峡奏清琴，今朝听得是春音。""溅沍石泉听作

霁清轩步道

琴,非从指上觅清音"等等。乾隆皇帝不仅对清琴峡撰写了这么多诗,还对整个宅院大加赞赏,写诗13首予以歌颂。可见,乾隆皇帝是何等酷爱这所别具一格的庭院了。

那么,沈从文先生住在院中的何处呢?其景如何?他写道:"我们住的还是去年那一所房子,属于霁清轩的一部分。房屋在低处,门前又临溪,初来时房中竟霉得如一块待加佐料的豆腐乳,到处都生了毛,一到这里就可以说是名副其实的避暑,抽象的或具体的热全不会到头上来了。""我住的一所发霉的房子没有匾额,曾经作过浴室,从墙边砖砌水塔看,可能是民国以来修整过,本来即装置的。房中还留下两个水管口,房中有一大坑,可容八个人同睡。""我们门前越水而过,是个石板桥,石头大大的,水流得很活……大坑上曾发现二寸长蜈蚣一条,还有几只相貌奇古行动伶俐的灰茸茸小壁虎。蜈蚣夜里不知如何钻入被中,被我胡乱揉死,居然没被这小小毒虫咬叮,可谓幸运。壁虎常日在窗口爬来爬去,主客之间倒似乎还相处得来。""孩子们到这里来,手足和心灵俨然都得到了解放,不出门也就在院子中流水边玩。这条水既贯穿院子而过,离我住所门前不过一丈五尺。"

从上述引文中,可以得知沈从文先生及其家人两次住的地方都是霁清轩里一处下房,条件较差。他住的地方到底在哪里呢?据笔者考察,当年沈先生所住的地方位于霁清轩院内的西北角一排耳房的东头,是院里最后一排房,房前就是相隔一丈五的流水潺潺的清琴峡,它的右上角攀石而上即是当年乾隆皇帝和慈禧太后常来小住的名为清琴峡的房子。从沈先生住处往上一看,霁清轩的格局一目了然,尤其是那座大方亭,过廊小亭和清琴峡,更是历历在目。"那长廊一搭,那亭子,那石头间大松树和小小虎耳草,人工天然,都仿佛配置得有点宋人画意。"虽然,沈先生所住的房子不太好,但他仍然怡然自得,情趣横生,没有埋怨,把这里的环境描绘得很美,我想这也是先生喜爱和亲近颐和园的缘故吧!

沈从文先生热爱和亲近这座美丽、大气的颐和园,还表现在他对昆明湖中鱼类和园中鸟类等资源的具体、生动和细致的描绘,令人玩味无穷。

那时,昆明湖里有多少种鱼呢?他在文中告诉我们:"昆明湖里有六七种鱼。南方江河中生产的鳜鱼,性情本来十分勇猛矫捷,宜于在深潭急浪中活动,在这里却算是昆明湖特产,大的竟到五六斤重,已为本地人取了文绉绉名字,叫'花鲫'。据说其寄身处多在石舫以西,水比较活跃又比较暖的荷丛中,可知这种鱼的祖先,还是好事的帝王或贡谀的幸臣派人从江南带来的!"

在这里经常吃的还有一种鱼,名为鲐鱼,"有时每尾大到二十斤重,宰割时简直如一头小猪!"此外,在霁清轩流水中也有一尺长的鱼,"就十分自然的享受了人间和平,不至于作釜中之泣了。"沈先生在此只点出了这两种鱼名,其他类鱼没有说,我想因篇幅的关系吧。但就这两种鱼的情况亦为我们了解和研究昆明湖的资源提供了有意义的资料。

颐和园的鸟类在那时有多少呢?

廊前喜鹊

沈先生说:"颐和园鸟类相当多,春天的鸣鸟和秋天的季候水鸟,可惜我不很清楚。至于夏天的山鸟,似乎即有十多种。"首先有戴胜鸟。"我欢喜不声不响的戴胜,每逢见它在树枝上蹲跃,就好像见到一个老朋友"。其次是翠鸟,在荷池间寄身。"一身绿得如一片翠玉,却比翠玉多有一种流动生命。平时静静地斜据荷梗间,一声不响,专心一志注意到水面。机会一来,即如一支绿箭向水面射去,将尖喙插入水中,把目的物刺中,随即又衔目的物向荷花深处消失。行为灵敏而神奇,使人惊讶造物者之巧慧和深思！"第三是黄鹂。"这园子中的鸟类，还是鸣声奇美的黄鹂有意思。声音实在有情感，有个性，有生命。常常是早晚于林木深处树杪独奏而远处遥遥应和……歌声且具有一种希奇效果，即不在绵延不绝的连续，却在由短期歌呼以后带来的静默。静默时比歌呼更动人。或给人'山静似太古，日长如小年'感觉，或给人'曲终人不见，江上数峰青'联想。"其旋律"仿佛是自然哲学，和高级数学，和热情诗歌三种混合物。"第四是"知了"。它占的时间和空间最多了，"多据树枝高处，终日作单调急切的聒噪。声音彼此如一，却汇合成一片宏壮，填满了酷夏空间。"第五种是鸣蜩。"这一属包括有四五种能飞善跃的昆虫。声音多发自草间，也可说是草莱之士的表现。"

谐趣园金鱼戏水

沈先生对园中鸟类更确切地说是对夏季中这里的鸟作了大概的分类，其提到的有10种，但只例举了5种，最后一种属于昆虫类，严格说它不属于鸟。尽管如此，倒也多少为我们提供了一些值得了解的东西，有一定的参考价值。特别是沈从文先生文章中谈到在霁清轩避暑时常能听到四种声音，并从中悟出人生的道理。他说："现在却尚有三种声音交替，早晚是可以印证唐人诗'鸟鸣山更幽'的黄鹂，白天是代表'多数一致'的知了，夜里是象征哀飒迟暮的鸣蜩。"这也是对颐和园夏季鸟类鸣唱声音的总结，饶有趣味。然后，先生又告诉我们霁清轩除了上述三种声音外，"还有一种虽无生命却仿佛若有生命，虽反复单调却令人起深沉之思的声音，即那一绺穿院而过流水作成的琤琮。仁智所乐而逝者如斯，本身虽无生命，但那点赴海就壑一往不回的愿力和信心，却比一切生命表示得还深刻永久，且作了历史上重要心智以种种启示。滋育万物而不居其功，伟大处为'无私'，一个人悟无生宜从此始……"

读到沈先生对霁清轩（其实亦是颐和园）里第四种声音简练的描述及其议论，我的笔立刻停下来，反复浏览这段不过百十字的话，深谙其意，我由衷佩服先生的深邃哲理，从极为平凡的自然现象中悟出人生的伟大思想。由此，我也才明白当他仙逝之后，其亲人遵照遗嘱将他的骨灰一部分撒在家乡的沱江、一部分落葬于依山傍水的听涛山下的缘由了。

古人云："智者乐水，仁者乐山。"沈从文先生既是一位智者，又是一位仁者，统一于一身。诚如《光明日报》在1985年12月19日为庆祝沈从文从事文学创作和文物研究60年所发表的一篇专访文章的编者按语中所说："年高德劭的沈从文先生，是中国现代文学史上的一位重要作家。50年代初期，由于历史的误解，他中断了文学创作，改为从事中国古代文物研究。在这个领域中，他又取得了令人瞩目的成就。然而他是这般的谦虚，这般的豁达，这般的不计较个人委屈……坚定地站在祖国大地上。这一切正体现了中国知识分子的崇高风范。"当沈从文先生离开我们25年之际，《光明日报》又发表了一篇纪念性文章，文中说："沈从文站在中华民族伟大思想家的行列中，用他的思和爱，温暖昨天，温暖今天，温暖未来！成为我们民族贡献给世界的伟大财富，与人类共享！"

"照我思索能理解我，照我思索可以认识人"这是沈从文先生20世纪80年代初对来访者讲过的一句耐人寻味、富有哲理的箴言。后来，他的亲人遵其遗嘱将上述文字刻在他墓旁的一尊天成巨石上，至今仍在，熠熠闪烁，昭示后人照他的思索理解他、认识他。

说实话，真正按上述那两句话，理解他和认识他，唯一的办法就是反反复复琢研他的全部著作，才能探求到他人生的真谛。

（作者系首都师范大学教授）

一百年,光阴如梭,一百年,斗转星移。独自走在北京中山(中央)公园这座历史名园中,坐在古柏树下,抬头望着湛蓝的天空,恍惚中似乎回到了百年前,见到那些人、听到了那些事……

文 / 龙 露

来今雨轩忆往

"这天,我换了一套灰色哔叽的便服,身上清爽极了。袋里揣了一本袖珍笔记本,穿过'四宜轩',度过石桥,直上小山来。在那一列土山之间,有一所茅草亭子,亭内并有一副石桌椅,正好休息。我便靠了石桌,坐在石磴上。这里是僻静之处,没什么人来往,由我慢慢地鉴赏着这一幅工笔的图画。虽然,我的目的,不在那石榴花上,不在荷钱上,也不在杨柳楼台一切景致上;我只要借这些外物,鼓动我的情绪。我趁着兴致很好的时候,脑筋里构出一种悲欢离合的幻影来。这些幻影,我不愿它立刻即逝,一想出来之后,马上掏出日记本子,用铅笔草草的录出大意了。这些幻影是什么?不瞒诸位说,就是诸位现在所读的《啼笑因缘》了。"

这是1930年张恨水在《啼笑因缘》自序中的描述。其中提到的"四宜轩"是北京中山公园一处很有名气的茶座,这里和中山公园一起成为了很多人的岁月记忆。说起茶座,中山公园还有来今雨轩、长美轩等。当海棠花开,在大小茶馆三五成群的人们围坐在桌前,一缕缕茶烟伴着淡淡的茶香,与头上眼前的粉白相间的海棠花交织着,俨然一幅人间仙境。

二十世纪二三十年代中山公园的茶座可以说是"文化茶座"。已故学者邓云乡甚至认为,发生在这里的重要文化活动"足可以编一本很厚的书,足见一个时代的文化气氛。"其建成不到五六年,便成为京城文化圈每遇重要活动的一个首选去处渐而成为习惯。中山公园有各种类型的茶座,当时无论男女老少,上至"总统",下至平民,都能找到适合自己的地方。"世界上最好的地方是北平,北平顶好的地方是公园,公园中最舒适的是茶座"。在"红尘十丈"的北京城,能找到这么一处清静雅致的所在,殊为难得。

时人曾诙谐地评价"来今雨轩是'国务院'"。因为政界要人公余常在此碰头,也常常能见到文化界名人、大学教授在此驻足,其中不乏北大《新青年》杂志同仁们的身影。1926年,鲁迅就是在来今雨轩的茶座上,与友人共同翻译了《小约翰》一书。还有"长美轩是五方元音",因为这里的客人是三教九流,茶点引人垂涎,物美价廉;"春明馆是老人堂",老人们在此下围棋、鉴赏古董,一坐就是大半天。

在民国初年的北京所有茶座中,来今雨轩的经营可以说是特色突出、首屈一指。大厅南北有窗,四周有廊,廊前有铁制罩棚,夏天大罩棚前还要搭大芦席天棚,前面和右面是朱栏围着的牡丹,左面是故宫端门的一角,红墙黄瓦,画栋雕梁,旁边是龙钟老态的百年国槐,环境风景之好令人称道。其经营方式,亦独具特色:一是设计和设备方面,房子的位置是在社稷坛墙外的东南角,社稷街门的西北方。正对着东南方的端门城楼,和那两株四五百年树龄的老槐。家具的设计也很好,户外用的铁架子、人造白色大理石面的茶桌,又结实、又清洁、又稳妥。二是招待和管理方面,夏天不论生意多么忙,其清洁程度,招待周到,也是第一流的。最难得的是茶房把主顾们记得一清二楚,真使人有宾至如归之感。三是烹饪技术好,有独创的点心,如肉末烧饼、冬菜包子等,是别处吃不到的。今天的来今雨轩旧址依然可以品茶,只是显得孤单了些。

链接:

- 中山公园一直与中国近代新文化运动有着一种特别的关系,它的文化象征意义已远远超出了自身范畴;
- 20年代,鲁迅曾经与文化名人在这里喝茶聚会;
- 1920年夏,周恩来在来今雨轩举办茶话会招待邓中夏、张申府等人;
- 1920年底,周作人、郑振铎、沈雁冰、叶圣陶、王统照、许地山等12人在北京开始酝酿组织文学研究会,翌年1月4日,在来今雨轩召开了成立大会;
- 1920年7月1日,李大钊主持的少年中国学会第一次年会在这里举行;
- 1924年7月13日,由北京学生联合会、社会主义青年团、马克思学说研究会等50余个团体及国会议员胡鄂公等发起组织的北京"反帝大同盟"在来今雨轩成立;
- 林徽因在其文学创作高峰期,经常光顾这里;
- 另外,蔡元培、章士钊、蔡和森、于右任、朱自清、沈从文、萧乾、陈师曾和老舍、齐白石等我国近现代的知名人物,也都曾在这里留下身影……

(作者系《北京晚报》记者)

北京动物园办公楼植物墙近景

文图/张珊珊 刘晓菲

让植物赋予建筑生命力
——记北京动物园植物墙

走进动物园办公楼，映入眼帘的是一片新绿。不再是一成不变单调的基础色调，也不再是气质冷肃的硬质装饰。我们看到的是迸发着生命力的绿色生物，嗅触到的是植物所散发的芬芳。这些迸发着生命力的植物让单调的建筑添上了活跃的气息，让端坐于办公室的人们足不出户也能感受到自然的气息。这就是2013年我们倾力打造出的一面会呼吸的墙——北京动物园植物墙。

植物墙是指在垂直立面模拟自然界植物群落的基础上，在建筑物或构筑物的立面，部分或全部覆盖绿色植物。利用新技术、新材料、新工艺和生态学、景观学、园艺学、建筑学、人居环境科学等多学科发展起来的垂直绿化形式，是绿墙的一种特殊形式，也称之为植物幕墙。

植物墙是一个小型生态系统，结合气候、温度、湿度、色彩等综合条件，再装饰以墙体灯具、选配四季常绿或色彩丰富的植物，在人们想要的地方构建出一个贴近自然又超脱自然的生长环境。

一、植物墙的结构体系

植物墙是由支撑系统、灌溉系统、栽培介质、植物材料等共同组成的一个轻质栽培系统。

1. 支撑系统。北京动物园生态植物墙采用国际最新专利技术，装置节能立体植物墙栽培系统。在园区内，总共打造了两面植物生态墙。一处是狮虎山北侧新建卫生间的正厅墙面；一处是办公楼门厅墙面。狮虎山卫生间植物墙，宽96格、高21格，共计2016格；办公楼门厅植物墙，宽32格、高20格，共计780格。

2. 栽培介质。栽培介质是植物墙生长的物质基础，是对植物起固定和支持作用，缓冲外界对植物的危害，为植物提供水分和养分的介质。栽培介质选择以质量轻、保水排水性能好、物理性状良好、化学性质稳定为原则，以确保植物墙的结构的稳定和安全。

3. 灌溉系统。灌溉系统采用滴灌系统，结合人工微喷方式，定时、定量供给植物必须的水肥。

4. 植物材料。植物材料是植物墙的根本，在选择时我们结合地点、用途综合考量各环境因素、人为因素对植物材料选择的影响，同时兼顾植物墙系统本身的限制条件及植物景观的美学效果，根据绿化装饰功能、目

北京动物园厕所植物墙全景

的，因地制宜选择植物材料，在初步选择后，通过不断筛选，择取适合的植物材料，创造出生机勃勃的立体植物景观。

办公楼植物墙设置之初，我们选择了千禧、红网纹、白网纹、青叶碧玉、黄金宝万年青、袖珍椰子、常春藤等植物材料，在植物颜色、形态上进行搭配设计，配合动物园Logo成为北京动物园办公区域的标志。随着气温下降，门厅温度较低，影响了植物的生长，我们随时进行温度、湿度的测定，观察每种植株的生长势，制定新的种植设计方案，合理调整植物品种，使植物墙随时保持完整、美观的状态。随着气温的回升，我们也会逐步丰富植物品种，加入更多的色彩元素，让植物墙成为北京动物园办公区的一抹亮色。

虎山卫生间是我们2013年新建成的公共设施，我园打破以往卫生间给人带来的感受，融入了生态、绿色、清洁的元素，以长达12米、宽2.6米的大型生态植物墙置于卫生间正厅。植物墙的植物选择也与办公楼的基本相同，但是由于虎山植物墙体量较大，我们增加了观音莲、太阳神等品种。由于卫生间客流量较大，人为因素对植物墙的影响较大，我们也随时监测温湿度，及时换苗补苗，保证植物墙整体的美观性、完整性。

5. 辅助系统（排水、灯光等）。为提升植物绿化层次和水平，完善植物墙生态、装饰等功能，我们设置了排水、灯光等设施。排水功能表现在集水槽的安置，我们在植物墙的底部安置集水槽，收集滴液。灯光装饰则安装于植物墙上方，合理地调节灯光强度、光照时间，可以让植物墙在日光照明不足时呈现出迷人的氛围，也可以改善植物的光照条件，促进植物生长，改善植物生长质量。

二、植物墙的作用。

植物墙作为一种垂直绿化的生态型建筑绿化装饰，推崇环保自然，美观高雅，兼具功能性和实用性于一身。

1. 美化环境。墙面绿化具有很好的观赏性，可通过形态多样、色彩多种的植物使线条生硬、色彩单一的建筑装饰材料变得自然柔和，使建筑立面上叶茂花艳，同时增添了建筑墙面的艺术美。

2. 净化空气。植物多有绒毛或凹凸的脉纹能吸附大量的飘尘，起到过滤和净化空气的作用。由于植物吸收二氧化碳，还能吸收如甲醛、苯、二甲苯、二氧化硫等空气污染物，并可以形成良好的微气候环境，是改善空气质量、增加空气水分、降低污染的有效工具。

3. 建筑物的天然空调。植物墙能阻隔大量光热辐射，夏季可使建筑

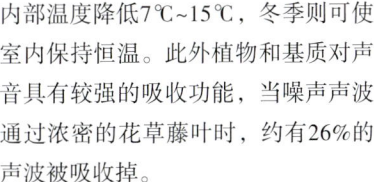

内部温度降低7℃~15℃，冬季则可使室内保持恒温。此外植物和基质对声音具有较强的吸收功能，当噪声声波通过浓密的花草藤叶时，约有26%的声波被吸收掉。

4. 柔化建筑线条、增添绿色元素。通过植物墙的合理设置，可以达到软化建筑装饰所带来的刻板、硬朗的目的，让身处其中的动物、人都能够感受到植物对环境的改善功能。

三、植物墙的应用

办公楼正厅、虎山卫生间的生态墙，是我们对植物墙在动物园应用的初步试用。

1. 公园景观营造方面

我们都在寻求绿色生态发展，公园更加应当利用好每寸空间来做好环境美化的工作。我们会逐步引进更加多样化的绿化形式，寻求更多元化的造景方式，来充实北京动物园的景观营造形式，让动物园更加具有新鲜感、现代感。

2. 动物兽舍丰容方面

北京动物园有自身的特性，是动物异地保护的场所。在动物饲养的环境建设中，我们的营造方式包括山石、水池的设计，以及墙面彩绘、浮雕、GRC构筑等形式，结合种植槽的设置种植绿色植物，形成多层次的景观环境。每种动物饲养环境的不同，我们建设的形式也不同。针对每个场馆，考量每间场馆的限制条件，有些可能不足以让我们能够大刀阔斧地进行改造，或者有些场馆由于动物的影响不能够做到完全的绿化种植，在我们逐渐将绿化丰容工作深入到兽舍的同时，我们也在逐步探索新型的绿化丰容形式。

植物墙将是我们在动物园绿化中逐步应用的新形式之一。我们会选择合适的地点，比如建筑的外立面墙体、参观通道墙面，甚至兽舍内部进行垂直绿化，利用攀援植物、草本类植物的种植，或者以植物墙的形式，将平面绿化扩展到纵向绿化，打造全方位丰富、立体、多样的景观环境。

当然，目前植物墙的技术和效果还不稳定，配套和支持技术还不完善，建造以及后期维护成本比较高，加之北京动物园场馆的特殊性，所以生态植物墙在动物园中的应用还需要更多的调整、适应。我们将发挥技术力量，针对动物园专类园的特殊性，创造出具有动物园特性的生态植物墙，突破平面绿化以及传统垂直绿化模式，逐步制定出我们的绿化高空发展计划，美化我们的建筑内外，用植物做素材，为动物园的建筑量身定做一件件碧绿华服，用植物赋予建筑生命力，让它们和我们共同呼吸生长在这片蓝天下！

（作者张珊珊系北京动物园园林绿化工程师；刘晓菲系北京动物园装饰设计工程师）

昌平区位于北京市西北部，地处平原与山地交接地带，北倚军都山，南部为平原，地跨温榆河两岸，总面积1352km²。自古以来，昌平水系发达，河流众多，它们见证了昌平城市的发展历史，是昌平人民生活不可或缺的重要组成部分。但随着岁月的变迁，密如织网的河流水系大多已消失在绵长的光阴里，只保留下一些许与水有关的地名供后人追忆，例如：马刨泉、凉水河、白浮泉……而那些保留了下来的水系成为大自然留给我们的宝贵遗产，也给我们营建滨水绿地景观提供了良好的基础条件。

文图/黄小红

三沙水系新景观

——昌平新城滨河森林公园绿化漫谈

三沙水系新景观——昌平新城滨河森林公园绿化漫谈

2010年，昌平新城滨河森林公园开始营建，以东沙河、北沙河、南沙河三条水系为主线，以水系两侧大规模林木为主体，充分利用沿河河滩地、荒滩地和现有林地，营造了一条绿色生态走廊。将十三陵水库—东沙河—南北沙河和温榆河紧密联系在一起；自北向南贯穿新城昌平组团和沙河组团两大区，全长约20.6公里，通过模拟自然植被和人工植被相结合，起到了改善城市生态环境、保持水土、为人们提供休闲游憩等多种功能的城市绿化用地的综合效果。

尊重自然规律，营造生态境域。作为建设主线的东沙河、北沙河、南沙河这三条水系构造了昌平滨河森林公园的水源命脉，为公园的营建提供了保障，建设施工过程中依托这条主线，以水系两侧大规模林木为主体，最大限度依托原有地形地貌，充

分利用沿河河滩地、荒滩地和现有林地，建设公园景观，构建新城环境框架，大幅度改善新城生态环境。东沙河上游段南环大桥以南水面最为开阔壮观，拥有最大的水面面积和最优质的水资源，公园营建充分发挥了昌平新城滨河森林公园特有的水资源优势，建设水上观光景区。"西里湖"区将现状鱼塘改造开展水上活动并取名为西里湖，景区中设计了一千五百米长的柳堤（长堤兼有防洪堤的功能）、形态各异的桥以及特殊的林荫铁轨等特色景观，充分体现了城市滨河公园中富有特色的滨水景观；"玉湖区"中充分利用大面积的水面，通过设置游船码头，将西里湖和玉湖联系起来。种植设计上通过保留和增植大面积的充满野趣的乡土水生、湿生和陆生植物形成水陆纵横的郊野湿地景观。

因地制宜，科学种植。清代造园家陈淏子的《花境》中记载："花之喜阳者，引东旭而纳西辉；花之喜阴者，植北囿而领南薰。"考虑到同一地区的园林植物由于种类之间的差异，生长习性各有不同，仅有部分适宜种植在河流两侧，在进行滨河种植绿化工作之前，首先对本地的园林植物种类、生长状况、所处环境等方面进行了充分的调查，并结合每一种植物的生物学特性和生态习性综合筛选出适合当地滨河绿化的植物种类。依据河流两侧不同绿化用地的地形情况及与河流的远近程度，因势利导，运用场地的地形地势条件，进一步确定相应位置的备选植物种类，满足植物对立地条件的要求。公园建设以国槐、毛白杨、馒头柳、柿

树等乡土树种为主，注重林相、林木色彩搭配以及林下公共活动空间，种植了大量的红色系春花秋叶植物，如紫叶李、榆叶梅、紫薇、碧桃、黄栌等灌木等。同时通过尽量减少建筑规模，道路采用生态材质，构建最具生态特色的绿色生态滨河城市森林景观，逐步形成多树种、多层次、乔灌草相结合的植物群落。

师法自然，兼顾美观。昌平滨河森林公园植物景观营造过程中尊重植物自然群落的发展规律，在植被丰富的东沙河上游段，以保证植物正常生长并能形成稳定的植物群落为前提，从植物的形态、色彩等角度出发适当选用了景观价值较高的植物种类；遵循动物栖息的自然要求，在南北沙河段，等野生鸟类丰富的地区着重加强对鸟类、野鸭等动物栖息地的营造，模拟野生动物的生活场所，注意保护场地原有食物链的完整性，实现动植物和谐共生的祥和画面，从而达到较好的景观效果。

传承城市文化，彰显地域特色。昌平新城滨河森林公园充分展示昌平以明十三陵、白浮泉、巩华城等历史遗迹为典型代表的历史文化特色和昌平新城在新时代背景下现代的勃勃生机，将昌平区厚重的历史文化和优越的自然山水构架有机融合，打造独具昌平历史与自然景观特质的昌平滨河风采带，彰显了昌平深厚的历史文化。

滨河森林公园依托昌平深厚的历史文化积淀，建设了龙山京韵文化景区、巩华城文化景区等有地域特色的文化功能景区。其中：龙山京韵文化景区位于东沙河上游段的西南部，占地面积约88.7公顷，其中陆地面积61.0公顷，水体面积27.7公顷。龙山京韵文化景区的建设以保护文物区前提，同时借龙山地势较高，现有龙王庙、白浮泉等历史遗迹营造新的昌平特色文化景观。以历史文化古迹为主线，结合北京的京韵文化、皇陵文化，恢复燕平八景之一龙泉漱玉之景，增加莲舟晚渡等中国古典特色景区。种植上利用大面积的水生植物景观，以及特色植物种植如桃花、丁香、海棠、竹、牡丹等。

昌平新城滨河森林公园的营建充分发挥昌平的自然和历史文化特质，沿东沙河两岸营造一条历史风貌与时代风采并重的昌平滨河风采带，沿途设置多个景观亮点，在景观布局过程中适当安排了休憩驻足空间，以便游人做简单的停留，结合艺术性的园林小品、以及植物景观等运用借景、虚实结合、以少胜多等景观的艺术处理手法通过科学合理的布局，丰富了园林景观，为人们在停留休息时提供便

于观赏的美景，同时增加人与景观之间的交流、互动，提升景观品质，形成一个艺术性的公共活动空间。其中：河口文化园景区作为昌平新城沙河组团的集中绿地，在昌平新城滨河森林公园建设中仅次于东沙河上游段的新城中央景区。依托巩华城历史文化遗迹，挖掘人文内涵，与现代建筑、园林小品相结合，打造富有深厚历史文化底蕴、彰显昌平时代活力的现代开放公园。整体布局以蝶湖为中心，沿湖岸设置游船码头、亲水大台阶、茶室等景观，结合水生植物的种植，形成丰富的内向型水体景观空间。蝶湖水景工程面积36567平方米，全部为现状洼地平整后作自然湖地，不做防渗，水源全部为雨水和地下水渗出。重要景点有古城新貌、玉湖映碧、凭水观澜、玉竹藤芳等。

注重人文关怀，安全实用简洁。在滨河森林公园的建设过程中考虑了人与场地的互动性，便于人与河流的零距离接触，同时要注意人们在游览中可能存在的不安全因素，并逐一给予克服，避免安全事故的发生。公园内道路系统尽可能满足人们对不同绿地空间可达性及便利性需求，遵循了交通可达性和视线可达性两种要求。在保证安全的前提下尽可能地满足游人的亲水情怀。

全园道路系统由主干道和游路组成，主干道主要用作消防通道，发生火灾时以便消防车辆顺利到达火灾现场，平时用作人们自驾游或观光车辆的通道。分为三级，按照总体分级原则，一级道路以保留现状路为主，根据湿地游览区人流量稀少特性未新建超过3米宽园路；二级道路宽3米，长4815米，包括主环路和重要节点之间的通道，可以通行小型机动车，以保证管理养护和消防的功能；三级道路宽1.5米，长1921米。集中设置在游人可以进入参观游览的科普教育区和湿地观光区，园路以二、三级为主。道路以砂石为主要面层材料，湿地游览园核心生态保护区，为将对环境的影响降低到最小，采用架设木栈道的形式设置园路。为确保游人的人身安全，做到了人车分流，在二者的交叉路口加宽，避免出现视觉死角，形成安全隐患。将生硬的堤岸建造成阶梯状形态，满足了人们的亲水性及安全性需求。此外，为满足行洪要求，河道内植物选择了景观效果较好的莲藕、凤眼莲、水葱等草本植物，一旦降水较大，不会影响行洪效果，从而满足河道的安全性需求。

（作者系昌平区园林绿化局、公园管理中心工程师）

很早就听友人讲，在颐和园西门的北则有个郊野园中园，很值得一游。

初秋的一个午后，我来到颐和园西门，没有随人流走进昔日皇家园林，而是向左来到朋友说的郊野园中园。

文 图 / 韩春旭

小园秋日独徘徊

这个无法和颐和园相提并论的园林，名为"玉东公园"。一个非常简易的说明牌上写道：玉东公园被誉为北京郊野园中园，位于玉泉山以东，颐和园以西，青龙桥以南。公园以野为魂，以林为体。我立时被这个以野为魂，以林为体的园中之园，释放的无形气息所吸引，并径直向园里走去。

走进葱郁植被裹挟的小园，一幅浓墨重彩的山野画卷呈现在我眼前。远处，是京西久负盛名"三山五园"之一的玉泉山，玉峰塔迤逦矗立在蓝天白云下，我的心立时融入其中，而身旁一片金黄色的稻田，更引起我的惊叹，莫非是清·乾隆时期的"土纹隐起，作苍龙鳞，沙痕石隙，随地皆泉"情景再现？！

哦，历史与现实不仅在这里交汇，令人浮想联翩，更让我惊喜的是，园中竟还有两组趣味横生的雕塑群。

一条20多米长的小道，两旁相对摆放了11个形状相同的石雕。花岗岩的基座，一面汉白玉的扇形玉片用一个金属圆棍嵌在上面，可以转动。我好奇地在第一个石雕前驻足，见玉片上刻着"襁褓"两字，漆红的字体在汉白玉衬托下非常夺目。我不经意地转动着玉扇叶，但见背面一排漆红小字："襁"指婴儿的带子，"褓"指婴儿的被子，未满周岁的婴儿。

原来如此，这些小雕塑群，分别刻上了我国古人对各个年龄段的称谓，并附上说明及出处。人们在欣赏雕塑艺术的同时，也悄然地普及了古汉语的知识。

自诩谙熟一些古汉语知识的我，颇感兴趣，依次向这些石雕走去。其余的汉白玉扇面分别刻着：总角、豆蔻、加冠、而立、不惑、知命、花甲、古稀、耄耋、期颐。在翻看了背后的注解之后，有些却与我所知晓的

小园秋日独徘徊

解释大相径庭。如"而立"是这样注释的：30岁，礼记，内则："三十有室，始理男事。"再如"耄耋"标注为：80~90岁。曹操·对酒歌："耄耋皆得以寿终，恩泽广及草木昆虫。"尽管这些注释可以商榷、探讨，但这小小的智慧艺术通道，的确给予了人们心灵的享受，同时丰富了古汉语知识。

如果说这11个小石雕诠释着人从生到老年各个时段古往今来的称谓，在这二十多米长的艺术小道上，别开生面地展示了人生的历程。那么，邻近7个雕塑群体的"和之园"，又生动地展示了人生奇妙的各个阶段。

7组雕塑群皆用花岗岩制做，人物雕塑采用了十分活泼而又抽象的艺术表现手法。人《主雕塑》、天《祥和》、地《母与子》，其中人《主雕塑》位于中心，彰显着"和之园"的主题。

其余4组雕塑群沿园的周边按逆时针排序，以春、夏、秋、冬为题，风趣地展示人生的四个阶段，构思巧妙，寓意深远。

以春命题的是《孕》，一位年轻的孕妇置于家庭舞台，长发飘飘，腹部微微隆起，预示着青春少女正迈向成熟的母亲。她的后面是敞开的两扇中式大门，象征着新的人生即将开启。

以夏命题的是《童年》，为更能表现初涉人生舞台的纯洁童贞，雕塑中使用了表情夸张的手法，让我们领悟到孩子们天真、蓬勃的生命力。

以秋命题的是《家庭》，这是一幅春华秋实，收获幸福、喜乐、欢愉的场景，夫妻携孩子和谐相融，一个美满、活力四射的家庭生活韵律，跳动在雕塑的节奏里。

以冬命题的是《幸福晚景》，这是一帧三世同堂的全家福写意，"张开怀抱，挽住他人"是这组雕塑的主题内涵。家庭成员之间，家庭与社会之间，家庭与自然之间融洽、和睦相处，是人类当今永恒的主题。

在人们眼里，或许"玉东园"和一墙之隔的颐和园在规模上、气派上，都不可同日而语，单就这两组雕塑群，却足以构成这个现代园林的亮点。游人在休憩、观赏之余，意外地获得微妙的古汉语知识，并领悟着人与自然相融的其乐无穷，这是多么美好的游园享受啊！这恰恰与历史园林相伴互补。在未来，我们会更加注重绿色生态的建设，在打造城市园林中，借鉴"玉东园"这种充满人性化和文化的构思，将使我们的城市园林更加贴近生活，更顺应现代都市人文发展的需要。

我欣赏着这些惟妙惟肖的雕塑，不觉天色已近傍晚，园中更加充满了野趣。金色的余晖洒在园中，氤氲着北京特有的秋日气息。或许是这个"玉东园"还不被更多人知晓，或许比邻的颐和园气场过于强大，整个下午园内游人寥若晨星。但对于久居闹市、从事文学创作的我来说，无疑是一个休闲散步、静谧思考的好去处。

（作者系北京工人日报社高级编辑、中国作家协会会员）

景观 | 五色土

作为园林人的我，已步入不惑之年，无论是工作还是生活，我的视野几乎没离开过植物，对植物，我始终怀着敬畏之心。

文/计 燕

植物的精神与人类的理念

一

植物是地球生物圈的生产者，是地球全部生命的供养者。没有植物就没有动物，更不可能有人类。植物是地球上几乎全部的能源的提供者，没有古代绿色植物万古千秋地把太阳能固定在自己的身体里，就没有今天的人们大量开采的石油、煤和天然气。面对28亿~35亿年前就有的银杏树，面对真蕨类和裸子植物等中生代最繁盛的植物，仅有200万年历史的人类怎能说自己就是主宰、是主人、是创造者？对于多少亿年植物积累的财富，我们用几十年、几百年就消耗殆尽，面对植物祖先我们怎能自豪得起来？我们填海造地、向湿地滩涂进军，在悬崖峭壁修路，我们铺宽马路，建大广场，便捷了自己，却伤害了大量植物，谁曾经感到过不安？从这点上说，人类真应该对植物感恩戴德、顶礼膜拜。

1966年2月的一天上午，有位名叫巴克斯特的美国情报专家正在给庭院花草浇水时，脑子里突然出现了一个古怪的念头，也许是经常与间谍、情报打交道的原因，他竟异想天开地把测谎仪器

植物的精神与人类的理念

枫叶光影

的电极绑到一株天南星科植物的叶片上，想测试一下水从根部到叶子上升的速度究竟有多快。结果他惊奇地发现，当水从根部徐徐上升时，测谎仪上显示出的曲线图形，居然与人在激动时测到的曲线图形很相似。难道植物也有情绪？如果有，它又是怎样表达自己的情绪呢？巴克斯特决定通过进一步研究来寻找答案。他改装了一台记录测量仪，将它与植物相连。接着，他想用火去烧叶子，就在他刚刚划着火柴的一瞬间，记录仪上出现了明显的变化。手持火柴的巴克斯特还没有靠近植物，记录仪上的指针便产生剧烈摆动，甚至超出了记录纸的边缘。毫无疑问，这表明植物已出现了恐惧心理。巴克斯特又做了另一个实验，他把几只活海虾丢入沸腾的开水中，在三间房子里各放一株植物，让它们与仪器的电极相连，然后锁上门，不允许任何人进入。第二天他去看试验结果，发现每当海虾被投入沸水6秒~7秒钟后，植物的活动曲线便急剧上升。根据这些，巴克斯特得出，植物和动物之间能够交流，

银杏

植物和其他生物之间也能产生交流。

1973年，美国科学家史密斯对大豆播放"蓝色狂想曲"音乐，20天后，每天听音乐的大豆苗重量，要比不听音乐的大豆苗高出1/4。这些实验证明，植物的确有活跃的"精神生活"，轻松的音乐能使植物感到快乐，促使它们茁壮成长；相反，噪音会引起植物的烦恼，生长速度减慢。有些"精神脆弱"的植物，在严重的噪音袭击下，甚至枯萎死去。

在研究植物感情的过程中，科学家们发现了越来越多的有趣现象，由此产生了一门新兴的学科——植物心理学。

也许正是因为植物是有"感情"的，冥冥中人与植物就亲近起来。人类以植物作为精神图腾已有悠久的历史，自古以来诗人歌赋吟咏、寄托胸怀的植物有很多，人类总能向植物学习到许多优秀的品格。

荷花——出污泥而不染。不论是帝王将相，还是文人墨客，哪怕是布衣草民，都在用心颂扬着荷花的真、善、美，吸纳着荷花精神的浸染。竹——拥石而立，飒爽英姿，不畏强权、刚正不阿，虚怀若谷正是我辈毕生追求的精神境界。人们不仅爱它的秀美，更爱它高洁、正直的性格。明太祖朱元璋给予竹的美誉是：雪压枝头低，虽低不着泥；一朝红日出，依旧与天齐。

胡杨——新疆人称其为"英雄树"，有"生而一千年不死，死而一千年不倒，倒而一千年不朽"之美誉。胡杨能忍受荒漠中干旱、多变的恶劣气候，对盐碱有极强的耐受力。在地下水含盐量很高的塔克拉玛干沙漠中，照样可以枝繁叶茂。胡杨那挺拔伟岸的身影，被称为"沙漠的脊梁"。

还有那兰花的温馨幽香、牡丹的雍容华贵、梅花的坚韧不拔、菊花的清香淡雅、松树的傲骨峥

植物的精神与人类的理念

月季

藤本月季

嵘、柏树的庄重肃穆……我慨叹具有生命、情感及精神的植物，我深信植物的精神已进入到基因的层次，永远会在种子里遗传下去！

植物的向阳性蕴含着它乐观向上的生存态度。就像芸芸众生中的你我，生活得好坏取决于你看待生活的态度，这是一个选择。用你的视觉，用你的嗅觉，用你的味觉，用你的听觉，用你的画笔，用你的相机，用你的乐器……无论用什么，去发现生活中的丰富与美好。

植物的端庄与宁静告诉我们：暴躁、歇斯底里是解决不了任何问题的。你见过植物发脾气吗？没有，它优雅地站在那里，那么从容不迫，那么气定神闲……我要学习如何像植物一样安静，直视自己的内心，我知道幸福不在别处，就在我的心中，这正是如今快节奏生活中你我需要追求的。

植物的功能性教会我们学习创造双赢。植物的光合作用把二氧化碳和水合成为生命必需的氧气，而自身也得到了养分。植物与它们的朋友蝴蝶和蜜蜂互相帮助。植物给它们提供食物，它们为植物传播花粉。我们应学会在用自己的知识、技能为他人创造价值的同时，也满足自己物质和精神上的需求，实现"双赢"。

植物的刚正与无私鞭策我们做清正廉洁的君子，不要以为植物好欺负，网游《植物大战僵尸》给了人类警醒。植物面对邪恶势力，反抗到底，坚决保卫自己的家园，即使枯萎死去也无私奉献身躯，魂归沃土重回自然的怀抱。

面对绿色世界里可爱的生灵，植物给了我太多的遐思和敬慕，作为园林人的我，依然会继续探索它们更多我所未知的世界。

（摘自《郑州公园》）

2014年金秋十月，欢庆新中国成立65周年的热烈氛围渲染公园内外，北京八大处公园盛装喜迎八方游客。"首届西山八大处文化节"推出了"首届中国八大处佛牙舍利文化节"活动。会期内，"中国八大处灵光寺佛牙舍利文化主题图片展"受到社会各界欢迎。通过本次图片展了解到以灵光寺为代表的中国佛教为社会和谐所起到的积极作用，更加认识到佛牙舍利的国际地位和多年来灵光寺僧众护佑国宝佛牙、帮助国家促进周边国际交往做出的贡献。

文图/范燕丽

揭开佛牙舍利神秘面纱

安奉于八大处二处灵光寺已943年的国宝佛祖灵牙舍利，在国际上享有盛誉，是八大处公园核心旅游文化资源。为将国宝的魅力发扬光大，八大处公园特举办"首届中国八大处佛牙舍利文化主题图片展"。展览由佛牙舍利文化、佛牙出访盛况、佛牙文化交融、佛牙光耀人间四部分组成。从万余张图片中甄选出近千张，组成121块展板，同时展出的还有百余件灵光寺多年收藏的见证友好往来的实物。图片展通过系列生动的图片实物，凸显了北京八大处灵光寺中国佛教文化传承地、中国北京第二国际政要接待平台、国际佛教文化交流中心的地位。诠释了北京佛牙舍利文化内涵，揭开了中国北京佛陀圣物的神秘面纱，展示了以佛牙舍利为代表的中国佛教文化为促进祖国发展繁荣和与周边国家的交流合作所做出的积极贡献。

举办图片展意义深远。突出八大处佛教文化资源优势，适应国家大形势之需并以北京APEC会议为契机，完成佛牙文化的使命担当。同时，引领大西山文化，积极推进石景山区高端绿色转型发展，加快推进西山八大处文化景区建设步伐。

揭示佛牙舍利的历史价值与地位。佛牙舍利的真实性和稀缺性，确定了它稀世珍宝的历史地位。根据佛教《大涅槃经》等经书的记载，本师释迦牟尼佛灭度后，留有四枚佛牙。除帝释天、海龙宫请去两枚外，留在人间两枚：一枚供奉在斯里兰卡佛牙塔，史称锡兰佛牙；一枚供奉在北京佛牙塔，史称北京佛牙。

北京佛牙原在乌苌国（今巴基斯坦境内），后传到于阗（今我国新疆和田县）。五世纪中叶，南朝高僧法献西游于阗时，将佛牙请回南齐首都健康（今南京）。隋统一南北之后佛牙被送到长安。五代十国时期，中原兵变，佛牙辗转到了北方辽代的燕京（今北京）。辽咸雍七年即公元1071年，辽国宰相耶律仁先的母亲郑氏在今西山八大处第二处灵光寺所在地修建了一座招仙塔（又名画像千佛塔），专门供奉佛牙。1900年，八国联军入侵北京，招仙塔被炮火所毁，僧人圣安法师率众收拾残局时，发现落在地上的塔顶石刻露盘，碑文是"大辽国公尚父令丞相大王燕国太夫人郑氏，咸雍七年工毕"。从塔基内发掘出石函，函中装有一沉香木匣，木匣上有"释迦牟尼灵牙舍利天会

七年四月廿三日记　善慧书"题记。天会七年(963年)是五代时北汉王朝年号，据明朝《补续高僧传》记载，善慧是北汉名僧。据此可知，这颗珍贵的佛牙已入华1500余年，并已在这里供奉了800多年。圣安圆寂后，佛牙传给弟子常照，常照又传给心明。

1955年，中国佛教协会将佛牙迎请到广济寺供奉在舍利阁七宝塔中，经周总理批准，由故宫博物院调拨一座重153公斤、嵌有800余颗珠宝的七宝塔，作为供奉佛牙之用。当时新华社发表了一条英文消息，当即引起国际佛教界的轰动和世界的瞩目。

1955年和1961年，应缅甸和斯里兰卡佛教界请求，这颗佛牙舍利被中国佛教界护送出国，接受两国信徒朝拜。1957年由中国佛教界发起，依照

佛教传统在原塔址西北重建新塔，永久供奉佛牙舍利，得到政府和有关部门大力支持。1958年~1964年，一座庄严雄伟的佛牙舍利塔在西山灵光寺落成，并修建了山门殿和东、北两配殿，形成一个以佛牙塔为中心的佛教寺庙建筑群。

1964年6月25日，中国佛教界在北京举行了隆重盛大的法会，迎请佛牙舍利入塔并为新建的佛牙舍利塔开光。时任中国佛教协会会长的喜饶嘉措大师主持法会，副会长赵朴初、阿旺嘉措、噶喇藏、巨赞、周叔迦及首都佛教界参加了这一盛典，柬埔寨、斯里兰卡、印度尼西亚、日本、老挝、蒙古、尼泊尔、巴基斯坦及越南等亚洲各国佛教界应邀派遣代表团前来参加这一盛典，此盛典成为了亚洲佛教界共同庆祝的盛事。

佛牙舍利的多次应邀出访，使它具有极高的历史使命价值。新中国成立以来，佛牙舍利应邀出访7次，其中分别于1955年、1994年、1996年和2011年4次到缅甸巡礼供奉；1961年到斯里兰卡巡礼供奉；2002年到泰国巡礼供奉等。作为佛教至高无上的佛祖圣物，在6次出国供奉时，受到了各国和地区首脑及举国上下千百万信徒的瞻礼朝拜，倾城遍野香花迎供，盛况空前。通过瞻礼供奉活动，促进了我国与缅甸、斯里兰卡、泰国的友好往来，交流了文化，增进了友谊，为促进亚洲与世界和平做出了积极贡献。除此

以外，佛牙舍利还到过我国云南昆明市和西双版纳傣族自治州、德宏傣族景颇族自治州等地区瞻礼。佛牙舍利所到之处，无不为国家、为人民带来福慧与吉祥。中国政府批准佛教界护持佛牙舍利出境供奉，表明了中国宗教信仰自由政策的英明正确，彰显了以佛陀的慈悲、智慧与和平精神为友好纽带，坚持与周边各爱好和平的国家与人民友好相处的愿望，充分体现了中国佛教界与亚洲各国佛教界的友好、团结与合作精神，充分显示了中外佛教界为"保卫亚洲及世界和平，令一切众生离苦得乐"的共同事业而奋斗所做出的不懈努力。

政要纷纷参访灵光寺，参拜佛牙舍利，促进了我国与东南亚及周边国家的友好往来。自20世纪60年代以来，缅甸、英国、法国、日本、朝鲜、韩国、东南亚各国的信众纷纷前来朝拜，许多政府首脑也慕名前来朝拜，八大处灵光寺成为了国际交往的特殊平台。历史时刻让人记忆犹新，1975年5月4日，中国佛教协会为柬埔寨西哈努克亲王的母亲哥沙曼王后在北京西山灵光寺佛牙塔附近举行火葬仪式；同月5日，西哈努克亲王将一尊由王后生前所用首饰熔化制成的纯金佛像和一座属于柬埔寨王室的祖传佛座供奉在了佛牙舍利塔内。近年来，国际交往更加频繁。缅甸联邦共和国总统吴登盛阁下曾多次参拜佛牙舍利。2010年9月8日上午，来华进行友好访问的缅甸联邦国家和平与发展委员会主席丹瑞先生偕夫人及随行政要到灵光寺参拜佛牙舍利。近五年来，缅甸共有50余位政府要员入寺参拜佛牙。2011年4月12日上午，泰国公主诗琳通及世界佛教徒联谊会向中国佛教协会北京灵光寺赠送一尊泰国素可泰金身佛像，安奉法会在北京灵光寺举行。2013年5月27日下午4点，应国家主席习近平邀请来京进行国事访问的斯里兰卡民主社会主义共和国总统马欣达·拉贾帕克萨夫妇携子及随行人员来寺参拜佛牙舍利；随后，至灵光寺五百罗汉墙下隆重拜祭2007年2月由其亲手所赠的定中佛像。灵光寺方丈常藏大和尚率灵光寺两序大众隆重迎接拉贾帕克萨总统一行。政要来访，八大处灵光寺高规格的隆重接待，使这里成为了重要的国际政要接待平台。

多层次丰富的国际文化交流，构建世界佛教文化交流中心。灵光寺以佛教文化为平台，举办多种国际文化交流活动。2006年以来，灵光寺共接待外宾200余次；缅甸大使馆从2007年开始每年组织缅甸留学生和大使人员在此举办泼水节，进行新年庆祝活动；日本阿含宗在八大处连续5年种植红叶树，建起了中日佛教友谊林；2009年10月29日，方丈常藏大和尚率领灵光寺常住僧众、护法居士及佛乐团在灵光寺大殿前广场上隆重迎请了从韩国专程而来参加"北京灵光寺韩国茶室落成庆典"的韩国天台宗总务院长朱正山长老、韩国佛教界高僧和信徒一行150余人。两国佛教界在舍利塔前各为此次活动进行了祈祷和平法会，并在韩国客人瞻礼佛牙舍利之后来到灵光寺新综合楼进行韩国天台茶文化馆落成大典及剪彩仪式。茶文化馆的建成增进了中韩佛教界间的相互了解和联系。共同祈愿借这次盛大佛事进一步深化友好寺院的兄弟情谊和中韩两国佛教法乳一脉的深厚法谊，为中韩日三国佛教"黄金纽带"关系铸就新的平台！2010年6月20日，灵光寺在综合楼举办"和谐·中日佛像三人画展"，近50幅佛像作品参展，日本具体派艺术家森内敬子参展作品30余幅，中国佛像艺术家弘云汉传佛教菩萨画像5幅，唐卡艺术家多杰楞布藏传佛教唐卡12幅；2010年8月22日，中国国际友好联络会和中国棋院主办，由日本阿含宗赞助的第12届阿含桐山杯中国围棋快棋公开赛的八强赛在北京灵光寺举办，中国佛教协会张琳副秘书长等相关人员出席；2012年8月19日，适逢北京灵光寺和日本妙心寺灵云院签订友好寺院五周年吉日，应中国佛教协会邀请，日本临济宗妙心寺派灵云院住持则竹秀南长老率妙心寺其他诸派长老、大德来京，与灵光寺共同举办"祈祷中日友好、世界和平大法会暨中日禅墨展"，进一步巩固和发展双方友好关系，同时也用中日双方的共同佛教文化形式——"禅墨书法"来纪念这一日子。多层面的文化交流不仅促进了我国与各邻国的友好交往，更成为了中华民族文化国际传播的重要窗口。

(作者系《西山八大处》编辑部主编)

景观 | 五色土

　　翠微山（别名平坡山），位于北京石景山区北部，山体长1.7千米，宽1.3千米，最高处海拔498米。明《御制大圆通寺碑》载："曩洪熙改元之初，皇曾祖仁宗昭皇帝以西山平坡大觉寺创始唐代，迄于金元，屡废屡兴，仍复圮毁，乃焕发宸断，命工鼎新重建，赐额曰大圆通，更其山名翠微。"由此可知，明洪熙元年（1425年），仁宗改平坡山为翠微山，并沿称至今。

文 图 / 官庆培

龚自珍与京师翠微山

京西翠微山

■ 翠微山景色秀丽，林木葱郁。明《宛署杂记》云："登之则极目平原，百里草树在目。每春夏之交，晴雨初歇，烟云变幻，金碧万状。"

西山八大处坐落于三山，三山环列如屏：翠微山居中，左为青龙山（南坡为卢师山），右为虎头山；形若圈椅，三山鼎峙。

翠微山古迹众多，自下而上有：三处三山庵、四处大悲寺、五处龙泉庵、六处香界寺、七处宝珠洞等寺院。自古以来，翠微山为西山名胜之一，诸多文人墨客登临游览，留有众多脍炙人口的诗文。清末著名思想家、文学家龚自珍对翠微山情有独钟，在他的文集中多有记述，不仅有诗，而且有文，其中，以《说京师翠微山》最为著名。

龚自珍（1792~1841年），字璱人，号定庵，又名巩祚（曾改名易简），浙江仁和（今杭州）人。乾隆五十七年（1792年）七月初五午时出生于书香门第之家，是著名古文字学家段玉裁的外孙。祖父龚敬身，号鲍伯，官至云南迤南兵备道，著有《桂隐山房遗稿》。父龚丽正，字闇斋，嘉庆元年（1796年）进士，官至江南苏松太兵备道，著有《国语韦昭注疏》。母段驯，是一位女诗人。嘉庆十五年（1810年），龚自珍19岁，中式顺天乡试副榜。嘉庆二十三年（1818年），龚自珍27岁，应浙江乡试中式第四名举人。次年，他赴京参加恩科会试下第。龚自珍在接连五次失败之后，直到道光九年（1829年），38岁才会试中式第九十五名，殿试三甲第十九名进士；奉旨以知县用。因他不愿当县太爷，仍任内阁中书之职。"龚自珍官中书十余年，于内阁故事洽熟。期间识故和硕礼亲王昭梿。"（《定庵年谱》语）。此后十年间，龚自珍任职于礼部、宗人府等衙门，仅为六品主事。道光十九年（1839年），龚自珍48岁，他辞去礼部主事一职，准备回故乡干一番事业。道光二十一年（1841年）八月十二日辰时，龚自珍就任丹阳书院讲席不足一个月，即暴病而卒，年仅50岁。

18世纪末至19世纪初，历时130余年的"康乾盛世"已经成为昔日的辉煌，但清王朝统治者依然做着"天朝大国"的美梦。中国正在步入半殖民地半封建社会，外有帝国主义入侵，内有官贪吏坏。龚自珍敏锐地觉察到当时的中国不再是什么"盛世"，而是呈现一片衰败景象的"衰世"。在中国第一个指出"衰世"并提出更法改革主张的正是思想家、诗人——龚自珍。黑暗、腐朽的封建"衰世"，把龚自珍推上了批判之路，可以说，揭露和批判，是龚自珍诗文的最大特色。他的"将萎之华，枯于槁木"诗句就是对封建"衰世"的真实写照。龚自珍的诗文曲折、隐晦，难于理解，只有认真地阅读，才能透过文字的烟幕，悟出作者的本意。"九州生气恃风雷"——是龚自珍发出的战斗声音，龚自珍呼唤"风雷"，而"风雷"却不是他自己。在龚自珍去世十年之后，太平天国革命的"风雷"震撼了中华大地。

龚自珍在《己亥杂诗》前几首的《别翠微山》诗中赞叹道：

翠微山在潭柘侧，此山有情惨离别。
薛荔风号义士魂，燕支土蚀佳人骨。

据传，翠微公主墓址在灵光寺金鱼池峭壁以西的韬光庵前，诗句"燕支土蚀佳人骨"所指佳人即

仅存的白皮松

翠微公主躯体已化作西山泥土,足以为翠微山增辉添色。

道光十九年(1839年),龚自珍弃官还乡,以一车自载,另一车载文集百卷,遍游京师诸胜。他来到翠微山龙泉庵,向寺僧唯一告别,并作诗《别龙泉寺僧唯一》,这首诗是《己亥杂诗》前几首诗之一,诗曰:

朝借一经复以签,暮还一经龛已灯。
龙华相见再相谢,借经功德龙泉僧。

近年来,笔者和友人多次谈论到龚自珍和他的散文《说京师翠微山》,深深地为中国的但丁——龚自珍所倾倒。恩格斯说,但丁是欧洲"中世纪的最后一位诗人,同时又是新时代的最初一位诗人"。在中国的历史上,龚自珍是中国封建社会的最后一位诗人,又是中国近代的最初一位诗人,他就是中国的但丁。与此同时,我们也深深地为龚自珍的文采所折服。《说京师翠微山》是一篇非常短小的散文,仅570余言,散文虽短小并不妨碍作者抒发自己的思想情感,他把翠微山的特色、特点无一遗漏地说给读者听,流利得如数家珍,说明龚自珍曾多次登临游览翠微山,不仅对翠微山了如指掌,而且有着深厚的特殊感情。龚自珍在《说京师翠微山》中生动地描写道:"山高可六七里,近京之山,此为高矣。不绝高,不敢绝高,以俯临京师也。不居正北,居西北,为伞盖,不为枕障也。出阜成门三十五里,不敢远京师也。"言简意赅地把翠微山的地势风貌、地理方位向读者交代得清清楚楚。

《说京师翠微山》一文对翠微山的草木也有所介绍:"草木有江东之玉兰,有苹婆,有巨松柏,杂华靡靡芬腴。"近些年,笔者曾和友人踏遍翠微山,对此山的草木作了详细的考察。龚氏所说的玉兰,为六处香界寺藏经楼前的古玉兰。这株玉兰传为明代所植,玉兰花开,花蕊金黄,香气袭人。龚氏所说的苹婆亦称"凤眼果""罗望果""罗晃子"。梧桐科,常绿乔木,叶长椭圆形,初夏开花,圆锥花序,种子椭圆球形。产于我国南部和印度、印度尼西亚等地。据传,佛门圣树有4种:一是"无忧树",为佛祖诞生地之树;二是"菩提树",为佛祖成佛处之树;三是"七叶树",为佛祖精舍(居住和讲经说法之所)地之树;四是"婆罗树",为佛祖涅槃处之树。可以说,苹婆为佛门圣树之一的七叶树,长期以来,被人们误称为婆罗树或菩提树。据考,翠微山旧时有七叶树4株,在香界寺四进院的三世佛殿前,有七叶树2株,为明代所植;香界寺五进院的藏经楼前有七叶树2株,传为西藏移植而来,弥足珍贵。至于巨松柏,在翠微山则随处可见,其中,最为壮观的是香界寺天王殿前的一株油松,虬枝盘曲,苍翠喜人。

龚自珍在《说京师翠微山》中说道:"最高处曰宝珠洞,山趾曰三山庵,三山何有?有三巨石离立也。"笔者和友人在三山庵东坡下的松林边,寻觅到龚自珍所说的"三巨石",只见三块巨石青黛嶙峋,气势非凡;三巨石之上可以站立10数人。如龚氏所说"三山何有?有三巨石离立也"。故此,三山庵不应该是某些书中所说"因三山庵位于翠微山、虎头山、卢师山三山的交汇处而得名",因为三山的交汇处在同济桥下的柳溪之中。

《说京师翠微山》说道:"寺八九,何以特言龙泉?龙泉迟焉。余皆显露,无龙泉,则不得为隐矣。余者散漫布列,非气所聚神所聚,无龙泉则全

祖师堂

山失神理矣。余极不忘龙泉也。"在龙泉庵山门内有雕栏方池，泉水从石雕螭口流出注入方池，涓涓细流，终年不息。龙泉水质良好，甘甜可口，矿化度为0.13~0.20克/升，全硬度6~8HRC，为北京地区最佳泉水之一。

龚自珍在《说京师翠微山》中对龙泉和松有着极其生动的描述："山之鳌有泉，曰龙泉，澄澄然渟其间，其氅之也中矩。泉之上有四松焉，松之皮白，皆百尺；松之下，泉之上，为僧庐焉。""不忘龙泉，尤不忘松。昔者余游苏州之邓尉山，有四松焉，形偃神飞，白昼若雷雨，四松之蔽可千亩，平生至是，见八松矣。邓尉之松放，翠微之松肃；邓尉之松古之逸，翠微之松古之直；邓尉之松，殆不知天地为何物。翠微之松，天地间不可无是松者也。"龚自珍在一百多年前赞颂的松确实伟岸，他所说的苏州邓尉之松为柏非为松，曰"清、奇、古、怪"，共四株。笔者和友人多次到龙泉庵，具体考察龚氏所说的翠微四松。有一天，我们来到位于龙泉庵北部的慧云禅林（俗称慧云堂），这座寺院始建于明洪熙元年（1425年），坐西朝东，自东向西为文昌阁、大雄宝殿、卧游阁、祖师堂。由大雄宝殿后拾级而上有卧游阁，坐卧游阁之中，三山美景尽收眼底。卧游阁今已无存。卧游阁后有一平展院落，院内为祖师堂，有堂舍三间、南北耳房各一间；北耳房前有白皮松一株，高30余米。与龚自珍文中所说"泉之上有四松焉，松之皮白，皆百尺；松之下，泉之上，为僧庐焉"的方位完全一致，且"松之皮白"，白皮之松即白皮松无疑，当为龚氏所说翠微四松之中的仅存者。

（作者系《北京市石景山区志》副主编）

景观 | 五色土

文 图 / 张宝贵

探寻北京千年古树

昌平檀峪村古青檀

门头沟 潭柘寺唐代古银杏"帝王树"

  作为六朝古都的北京，遗有大量的文物古迹。这其中有很多"活的文物"，那就是遍布京城的苍老遒劲、嵯峨挺拔的古树名木。这些古树名木是北京古都风貌的代表，是京城的特色之一，是北京悠久历史的见证，也是北京灿烂文化的一部分。因"名园易建，古木难求"，所以，它们和长城、故宫一样，是十分珍贵的"国之瑰宝"。北京是我国也是世界上古树名木最多的城市，在北京浩瀚的古树中，有很多千年古木。这些"千岁爷"除有唐代古树外，还有汉、晋古木，最古老的可追溯到周代。过去人们认为北京没有周代古木，后经有关部门的专家考证，北京也有已三千年的古木，并已立碑说明。这些千年古木都是那些呢？

一、周代的古树

1. 密云新城子的周代古柏"九搂十八杈古柏"

密云县密云水库东北的古城堡新城子，其北门外公路的西山坡上，巍然屹立着一棵巨大的古柏。此柏郁郁葱葱的树冠高达25米，盘曲苍虬的躯干周长达7.8米，为北京的"古柏之最"。因它的躯干要好几个人伸臂合围才能抱拢，而其巨大的树冠是由十八根大杈组成，最细的大杈也有一搂多粗，所以人们叫它为"九搂十八杈古柏"。关于这棵树的树龄，据当地的老人讲，在明初修建长城和新城子城堡时，九搂十八杈古柏就已经是粗大的巨树了。从明初到现在又是六百多年了，可见此柏的古老。现树下有北京市园林绿化局所立石碑标明"此树已三千年"，应是周柏。

2. 昌平区桃洼乡檀峪村的古青檀

昌平区桃洼乡的檀峪村内生长着一棵古老的青檀树。这棵古青檀的主干现仅高3米多，周长却达6米多。主干的上部早已枯死。在现有主干的上部又生长出三根大主干，这三根大主干高约8米。这棵古青檀的主干，因年代久远，岁月沧桑，已变得干皱根离。主干皱裂很深，疙疙瘩瘩。又似群龙盘绕，绞在一起。其根部，很多大根都暴裸在岩石上，一条条大根像龙爪似的紧抓住岩石，如同"咬定青山不放松"。有的大根已经死了，有的大根是新生的。在这棵古青檀南约3米处和东南约5米处，还有两棵小些的，它们也有几百年的历史了。在古青檀的东边约7米处，有几棵小青檀。古青檀周围的这些青檀都是古青檀的籽落地后生长的，由此成为一个青檀大家族。昌平区政府于2006年8月在古青檀前立有碑刻，正面（南面）书"一级保护青檀树"，背面书写着古青檀的历史，"这棵古青檀已有三千多年"。而村民们也说此青檀已三千多年。

二、汉代的古树

1. 密云冯家峪乡上峪村"上峪汉槐"

在密云县冯家峪乡西边的上峪村长城脚下，矗立着一棵巨大的古槐，它高达18米，主干周长达7.8米，为汉代所植，距今已二千年。它不但是北京的"槐树王"，而且也是北京地区最古老的槐树，人称"上峪长城汉槐"。最令人惊奇的是，北京乃至全国的古槐，凡是唐槐、元槐、明槐大多都已空心，如著名的北海"唐槐"、景山"镇山唐槐"、"柏崖厂汉槐"等都已空心，而"上峪长城古槐"的主干却生长较好，只有部分干皮脱落。上峪村的村民们世代都把这棵古槐视为"神槐"、"吉

潭柘寺下塔院处的唐代古娑罗树

祥之树"。村民们说，长城和神槐护佑着村民。经国家林业局的古树专家鉴定，"上峪长城汉槐"确为北京的"槐树王"，并编写进了国家林业局出版的大型画册《中国树木大观》中。

2. 怀柔区范各庄乡柏崖厂村的"柏崖厂汉槐"

怀柔区范各庄乡柏崖厂村是一座古老的村庄，在村外东边有条大河，在河的南岸，巍然屹立着一棵巨大的古槐，它高达15米，干周长达7.5米。据考证，它应为"汉槐"，距今近二千年。这棵古槐上部的树冠早已枯死，其他的一些大枝又形成新的巨冠，仍是枝繁叶茂。古槐粗大的树干南半部已经没有，而且树干内部已完全空心，完全仗着树干北半部粗壮的树干皮支撑着全树，而古槐竟然生机盎然。

三、晋代古树

房山区上方山吕祖殿的"柏树王"

上方山的吕祖殿内东南角有一棵巨大的古柏，其高达25米，干周长达5米，被称为"柏树王"。相传"从有此山，就有此柏"，可见此柏的古老，"柏树王"为上方山的"四大树王"之首。在树下和院门口的说明牌子都写有"此柏植于晋代"，是镇山神木。

四、唐代的古树

1. 北海公园画舫斋古柯亭的"唐槐"

唐槐巍然屹立在古柯庭院西南角的假山石上，犹如一个巨大的盆景。其郁郁葱葱的绿冠高达15米，粗大的树干胸围达5.3米，为唐代种植，至今已一千三百多年，故人们叫它"唐槐"。因年代久远，历尽沧桑，它上部的原树冠早已枯死，而南侧的一个大枝又形成了新的巨冠，仍是枝繁叶茂。唐槐早已空心，在二十世纪八十年代古树复壮时修补上。古柯庭院是清乾隆皇帝下旨为此槐而建，乾隆还写有两首《御制画坊斋古柯庭古槐诗》，其中有："庭宇老槐下，因之名古柯。若寻嘉树传，当赋角弓歌……"

2. 景山公园镇山阁旁的"镇山唐槐"

在景山公园山后（原少年宫）东侧北边有一镇山阁小殿，在镇山阁西侧屹立着一棵巨大的古槐，其高达20米，胸围达5.8米，比北海画舫斋古柯亭著名的唐槐还粗壮。因它位于镇山阁旁，所以得名"镇山唐槐"。这棵唐槐的主干内部已完全空心，就在空心中又生长着一棵小槐，形成了"唐槐抱子"的奇观。

3. 北京植物园曹雪芹纪念馆东南方的"唐槐"

西城景山的"镇山唐槐"

在北京植物园内的曹雪芹纪念馆东南方的小树林中，有一棵高大的古槐，其高达25米，胸围达5.6米，是唐代所植。这里原来是正白旗村的村口，是通往四王府村的要道。当年曹雪芹和村民们到四王府村来回都要在这棵大树下乘凉小憩。

4. 潭柘寺的唐代银杏"帝王树"

在潭柘寺内的毗卢阁殿前，巍然屹立着两棵巨大的古银杏，其中东侧的一棵绿冠高达30多米，巨干周长达9米。是唐代种植的，至今已一千三百多年。其姿高大挺拔，郁郁葱葱。相传在清代，每换一个皇帝它都要长出一条小干来，久之与老干重合，而清乾隆皇帝就此封这棵古银杏为"帝王树"，它是北京最著名的古银杏。

5. 潭柘寺下塔院的唐代古娑罗树

在潭柘寺的寺外下塔院处，历代高僧们长眠的塔林丛中，高矗着两棵佛门圣树娑罗树（又名七叶树）。因佛祖圆寂在古印度拘尸那迦罗城郊外的"娑罗双树"下，为了纪念佛祖以及表示对佛教信仰的忠贞虔诚，所以佛门弟子在寺内种植娑罗树，并视为佛门"圣树"，且引以为荣。潭柘寺的下塔院处种植两棵娑罗树，有纪念佛祖圆寂之意。这两棵树是唐代种植的，至今已一千三百多年。尤其是东边的一棵，高达25米，干周长达5.6米，是北京也是我国的"古娑罗树之最"。

6. 广慧寺的两棵唐代银杏

门头沟区潭柘寺镇桑峪村东北定都阁下方的明代古刹广慧寺内有两棵"唐代银杏"。为什么在明代古刹中有唐代银杏呢？原来在汉代时这里就有张良的弟子们为纪念张良而修建的。所以这里一直是功臣们受到打击迫害后学习张良而隐退的场所。院内两棵高大挺拔的古银杏占了大半个院子，两树下新修建的玉石栏杆前分别立牌写着"古银杏植于唐代"。

7. 戒台寺的唐代白皮松"九龙松"

戒台寺"五大名松"之一的"九龙松"是一棵体形硕大、气势磅礴的白皮松。它巍然屹立在寺内戒坛院的山门前，其郁郁葱葱的绿冠高达18米，鳞片斑驳的白干周长达6.6米，为唐武德年间所植，至今已一千三百多年，是北京也是我国的"古白皮松之最"。它的巨冠由九条白色的大干组成，犹如九条银龙在凌空飞舞，又似九条神龙在守护着戒坛，所以自古人们就称其为"九龙松"。在明清两代，很多文人墨客为它吟诗赋词。如有诗云："宝树依晴峰，婆娑月影重。叶深藏鹳鹤，植老作虬龙。佛殿青阴合，凌霄翠色浓。山僧时向客，聊尔说秦封。"

8. 清水镇张家庄村的唐代"卧龙榆"

门头沟区清水镇张家庄村的古榆在村中古戏台的西边，此榆高达20多米，主干胸围达5.8米。它南侧的一根大枝已折断，这根大枝径粗有1米，是在2006年的秋天被一阵大风刮折的，但是还和主干相连，大枝倒立在地上，犹如卧龙俯地，形成一景，故名"卧龙榆"，又名"折枝榆"。关于它的树龄没有记载，但据它的干粗看，应有千年的历史，应为唐榆。它是门头沟区最古老的榆树，有"京西第一榆"之称，它也是张家庄村古老的历史见证。张家庄村在唐代时应已成村，村民们世代视古榆为"神榆"。

9. 房山紫草坞乡张庄的"唐槐"

房山区紫草坞乡张庄村中有一棵唐槐，高达15米，胸围达5.2米，为村中吉祥之树。古时在槐上挂有大钟，村中凡有大事都要敲钟集合。相传在清末义和团运动时，义和团的勇士们每每在出征前，都要在古槐下集合并宣誓，要作战勇敢，狠狠打击侵略者的气焰。

10. 昌平区居庸关外唐代银杏"关沟大神木"

居庸关外的四桥子村（八达岭高速路西侧）有一唐代石佛寺遗址，在遗址处高耸着一棵巨大的古银杏。此银杏高达30多米，干周长达7.6米，是唐代种植的，距今已一千一百多年。人们称它为"关沟大神木"，是"关沟七十二景"之一。"关沟大神木"树前，昌平区政府立有一石碑，上书"北京市一级古树，一九八九年十月"字样，现已成为八达岭一景。关沟大神木在当地有一些传说，如相传在唐代，石佛寺内有两棵银杏，南面有一座石佛。这座石佛面朝北，也就是面朝着这两棵银杏。后有高僧认为石佛应面向南，要向着太阳。就把石佛面挪向南。可是第二天早晨一看，石佛又面向北了。一连挪了几次，石佛都在第二天早晨又面向银杏树。后高僧们知道银杏树是神树，就不再挪动石佛了，就让石佛代替他们朝拜神树银杏。

11. 昌平区沙河镇七里渠村的"唐槐"

七里渠村是昌平区沙河镇东南的一个古老大村，也是昌平区最大的村落。该村成村的时间没有记载，

密云 新城子"九搂十八杈古柏"

但从村中的一棵"唐槐"看，在唐代就已有人生活居住于此。这棵唐槐生长在村中主街一个村委会（该村有几个村委会）的大门口西侧，附近是闹市。这棵古槐现在只剩北部的半个身子，半个身子干周长达3米多。整棵树就依靠半个身子的厚厚树皮生长，而其树冠却十分巨大，郁郁葱葱，生长旺盛。

12. 延庆千家店镇排云岭村（长寿村）的"长寿榆"

延庆县的千家店镇排云岭村是"百里画廊景区"的中心地带，其北部的山峰因"横看成岭侧成峰"故名"排云岭"，而村名也为"排云岭村"。在村头有一棵千年古榆，其高达20米，胸围达6米多，被村民们称为"常寿榆"，它也是排云岭村的象征。村中多有长寿老人，人们相传这都是千年"长寿榆"给带来的福气，因村民多长寿村子也叫"长寿村"。

13. 怀柔区红螺寺的唐代雌雄银杏

在红螺寺的大雄宝殿前高耸着两棵古银杏——西雄东雌。它们都是唐代所植，距今已一千多年。关于这两棵古银杏，过去寺内的僧人有诗云："红螺寺内两银杏，雌东雄西分两边。雄株开花不结果，雌株结果不开花"。其实，雄株开花不结果是正常现象，而雌株也开花，只是因银杏的花不明显。这两棵唐代银杏，东雌高达20米，主干周长达3米，其周围生长着一些小干，这些小干有的也成为古树。西雄高达25米，主干周长达4.5米，在主干周围生长着10根小干，这10根小干大多都成为古树。相传这棵古银杏也和京西潭柘寺的著名古银杏"帝王树"一样，我国古代每换一个朝代，它都要生长出一棵小干来。

14. 怀柔区碾子乡郑珊子村的"榆树王"

在怀柔区碾子乡郑珊子村北有一棵千年古榆，高达20米，胸围达6米多，是怀柔区最古老的榆树，被称为"榆树王"。古榆世代被村民视为神树，吉祥之树木。过去谁家生了小孩，都要把孩子的名字写在红布条上挂到树枝上，小孩就能生长健壮。故人们都亲切地称这棵古榆为"榆树奶奶"。

15. 密云巨各庄乡塘子小学内的唐代"香岩寺银杏"

巨各庄乡塘子村的塘子小学原是元代香岩寺遗址，现为塘子小学。在学校的后院巍然屹立着一棵巨大的古银杏。其郁郁葱葱的绿冠高达25米，盘曲苍遒的主干周长达9.1米，为唐代所植，距今已一千三百多年。1988年秋，经市园林局的专家鉴定，它是北京的"古银杏之最"，《北京晚报》也曾有报道。据清《日下旧闻考》载："香岩寺在县东二十五里处，元至正中建，内有鸭脚子（即银杏。银杏又称白果、公孙树、佛指甲等名，我国古代多称为鸭脚子）一株。俗名白果寺。"又据寺内原存碑文记"此树植于唐代以前"。现元代的香岩寺已无存，而且竟没有一丝痕迹，只有这棵巨大的古银杏成为历史的见证。它也证明，唐代时这里已有寺庙。

五、宋代的古树

1. 八大处香界寺的宋代"虬龙松"

门头沟 戒台寺"九龙松"

八大处的六处香界寺修建于唐代，在其外院山门里西侧有一棵古松，高达20米，干周达2.8米，此松的树冠上几根大主枝弯曲似龙形。据《北京古树名木》画册介绍，此松植于宋代，距今已一千年。其松下说明牌介绍：相传在清乾隆年间，乾隆到香界寺进香，喜欢古树名木的乾隆被这棵古松的似群龙飞舞的树冠吸引住，他手扶树干久久观看树冠，之后，古松树冠变为龙行，所以得名"虬龙松"。

2. 西峰寺宋代"银杏王"

在门头沟区的永定镇苛罗坨村西有一条清雅幽静的峡谷，名叫"苛罗

东城文丞相祠的古枣树

谷"。峡谷西尽头有古刹西峰寺，该寺始建于唐代，原为京西古刹戒台寺的下院。西峰寺又分为上下两院，就在上院的院中央，巍然屹立着一棵巨大的古银杏，其高达30米，干周长达7.5米，是宋代种植的，距今已一千年，人称为"银杏王"。现在树下仍有一残碑，但字迹十分清楚，上书："此鸭脚子种于宋代"。这棵银杏为雌株，每年金秋都挂满了果实，是北京地区结果最多的古银杏。树下的残碑就是在1980年秋，一根水桶粗的大枝，因挂满了果实而被压折，断落下来砸碎的。

六、北京建都860多年来的辽金古木

中山公园的七棵"辽柏"，关帝庙的辽代"迎客松"，大觉寺的辽代"银杏王""古柏鼠李""古柏蛇葡萄"，潭柘寺的辽代银杏"配王树"，戒台寺的辽代"卧龙松""抱塔松""自在松""辽槐"，北海团城上的金代名松"遮荫侯"、两棵金代白皮松"白袍将军"及金代名柏"承光柏"，天坛宰牲亭外东北处的金代"莲花柏"，香山公园香山寺遗址的两棵金代"听法松"，香山饭店门前北边草坪中的金代"凤凰松"，门头沟区军响乡灵水村龙王庙中的金代"榆柏合抱""桑柏合抱"，五道庙遗址高台上的金代"灵芝古柏"，等等。

以上所述的北京古树"千岁爷"，它们虽身经数朝、历尽沧桑，但如今仍是枝繁叶茂、生机盎然。在今天的首都绿化中，起着重要作用。它们又自成一景，成为旅游景观。它们虽是古树的"老寿星"，但要和我国一些著名的古树"老寿星"相比，像陕西黄陵县黄帝陵的周代"轩辕柏""挂甲柏"、山西晋祠的"周柏"、介休秦树村的"秦柏"、河南封登嵩山嵩阳书院的周代"大将军柏""二将军柏"、河北邯郸涉县故新村的"秦槐"、山东莒县浮来山定林寺的商代银杏"天下第一银杏"等相比，北京的这些古树老寿星又是年轻的了。据林业专家考证，它们还有着很长久的生命力。愿北京的这些"国之瑰宝"在首都人民的爱护下，更加茁壮成长，万古长青。

（作者系职业作家）

文图 / 许联瑛

她在丛中笑

这个题目摆到了我的面前,令我欣喜,也颇费思忖……春寒料峭时节,市民们能够接踵摩肩,徜徉于梅林赏花这样的盛事,恐怕历来只是长江流域所独有。从2003年开始,我们在北京城区开始进行梅花的规模引种试验,如今北京人也有了"车不出城,即可赏梅"的福气!怎不令人欣喜!

明城墙下花烂漫

珍贵的粉台垂枝梅

自2008年北京城区首届赏梅活动在北京明城墙遗址公园举办以来，很多朋友问我，对于梅花，以前北京人更多是听说或者通过绘画、摄影作品而获得感知，现在北京城里有了多处成片的梅林，甚至出现了"踏雪寻梅"这样的胜景，那么如何赏梅呢？这些年来，我追随陈俊愉先生，在北京引种了几十个品种的梅花，但是对于梅花、梅花精神又能体会多少，还真不好说。我为此曾经长久地思忖……

梅花欣赏，是我们中华民族的一种比较特殊的花卉文化现象，源远流长、丰富多彩且影响深远，从古至今赏梅的方式多得不胜枚举。下面结合我在这方面的体会谈谈心得，以飨大家。

一曰花早。元代诗人杨维桢："万花敢向雪中出，一树独先天下春"。梅花最可贵之处，在于花期早，这是梅花重要的生物学特性之一，也是被称作"花魁"的重要原因。我国花木的花期大致可分为两类：一类是在夏秋形成花芽，经过冬季低温，于第二年春天在两年生的枝条上先花后叶（或先叶后花，如牡丹）；另一类是随着枝条的伸长而形成花芽，不经过低温，而直接在当年生枝条上开花。前者如梅花、桃花，后者如月季、紫薇。这两类花木前推后延，基本上就能达到三季有花。显然，其中最珍贵的是早春最早开花的，梅花就是其中的一种。

梅花对于气候寒暖非常敏感，研究表明，5℃以上积温达到160℃左右，梅花就能开花。从天气预报来看，在日最高温度接近10℃的3~5天或稍久即可陆续开放。所以梅花的花期在年度、地区之间差异很大。一般说来，南方多在1~2月，而北方多在3~4月开放。"冰条冻叶，又横斜照水，一花初发"，说的就是梅花不仅能在较低温度下开放，还能够在开花期忍受一定程度的冰雪与低温。含苞待放的梅花在低温侵袭的时候，花蕾会停止活动，含而不放，等待雪过天晴，气温回转又会继续开放。梅花在0~2℃的低温条件下，还可以完成授粉、受精过程，这在一般的花木中是罕见的。

梅花不仅开花早，而且花期长。这主要是由于梅花的品种多，而诸多品种又可以分为早花、中花和晚花品种。所以从南方到北方，花期可以长达5个月之久。这几年经过对北京明城墙遗址公园梅花花期的观察，通过一定的露地保护措施，一些品种在有的年份可以在2月中旬开放。北京赏梅的最佳观赏期基本是在3~4月。

实际上，北方花期最早的并非只有梅花，一般来讲，梅花在北京城里的自然花期是3月中旬至4月下旬。与梅花花期同时或者稍早一些的还有山桃、迎春、连翘等，可与梅配合增趣。在北京明城墙遗址公园，小绿萼开花最早在2月中旬，而美人梅开花最晚在4月下旬。

二曰香幽。"香"是梅花最明显的特征。梅花的香气清逸幽雅，沁人心脾，令人陶醉。

梅花的香气主要来自真梅品种群。研究人员认为：乙酸苯甲脂是影响梅香的主要化学成分，其含量多少是梅花香气浓淡的标志。按照香气浓淡，依次为：玉蝶、绿萼、白碧垂枝、洒金、宫粉、黄香以及朱砂品种群等。

其实梅花香气的化学成分与其他花香没有太大的区别。只是由于梅花孕蕾需要经过寒冬且经历时间较长，从而更多地蕴含了日月精华，而开放恰是在百花萧索时节，其清逸幽雅的香气自然显得分外突出。由于梅花香气的含量适当，不浓、不淡，所以非常适合人的嗅觉。

赏梅吟咏多离不开"香"字。"闻香""觅香""暗香""残香""清香""冷香"……遍阅诗书，咏梅之香的诗句不胜枚举。梅尧臣诗曰："忆在鄀君旧国旁，马穿修竹忽闻香"。姜夔词曰："等恁时，重觅幽香，已入小窗横幅"。"虑疑黄昏花欲睡，不知被花熏得醉。"仅陆游一人就曾写下160多首咏梅的诗词。写梅花之香，香得醉人，香得久远，香得别有情趣，情境高远："无意苦争春，一任群芳妒。零落成泥碾作尘，只有香如故"。这首词中，"梅香"凝结了永久的芬芳。"只有香如故"，赞美的不仅是梅花的香气，更是升华了梅花的精神，象征着一种贞姿劲质的精神之美。

宋代王安石咏梅名句："墙角数枝梅，凌寒独自开，遥知不是雪，为有暗香来。"林和靖的"疏影横斜水清浅，暗香浮动月黄昏。"苏东坡的《洞仙歌》："冰肌玉骨，自清凉无汗，水殿风来暗香满。"着实体会了梅花香而不酽，源深流长的香幽之魂。

梅花还可以入茶或是煮羹，不但芳馨适口、使人开胃，还有疏肝解郁、美容驻颜的作用。梅花与桂花的"越晒越香"有所不同，一天当中，在早晨和傍晚，梅花香气最浓；阴天或有些细雨的时候，香气更为突出。

赏梅时节，细品梅香有清醒提神、解乏润气之功效，"赏梅人儿花间走，花攀衣袖步生香"。

三曰姿美。梅花的姿态到底美在哪里？梅花通过株型、老干、新枝、花形，表现了植物特有的一种韵致美。只要人们说到苍劲嶙峋、疏影横斜、铁干琼枝，恐怕没有人不知道这就是说梅花！

梅花的姿态美，首先因为是它是长寿树种。老枝黑褐、苍劲虬结，嫩枝绿色、蓬勃劲发，表现了沧桑感与生命力之间的张力之美。第二，梅花先花后叶，观花时只有花朵和枝干，老干醒目，花朵明丽。若偶遇春雪，梅花便顶风冒雪、银妆素裹。只待瑞雪融化，则梅花另一番冰清玉洁，自是优尤难及！第三，梅花的生命力极强，少毁灭性病虫害，尤其是数百年古梅，其生长势、着花数、结果量不会明显减弱。另外只要有一丝木质部和韧皮相连，梅花就能存活、生长、开花，此所谓"梅活一线"是也。第四，梅花作为早春花木，需要在花后适当修剪，对于萌蘖力强的梅树来讲，更易形成"疏枝横斜"的姿态美。

梅花的株型主要分直枝、垂枝和曲枝三个类型；花态有蝶形、碗形、浅碗形、台阁形；花瓣有单瓣、复瓣、重瓣以及雄蕊变瓣等；花径由1.5cm以下的极小轮至4.5cm以上的超大轮；花瓣有圆形、长瓜形、短瓜形以及皱瓣扇形等多种形状。

2009年3月15日，龙潭公园露地栽植了4年的3株龙游梅，第一次在枝头绽开花蕾。枝姿奇特，大枝、小枝散曲自然，宛若游龙，姿态甚美。

有人认为，梅以曲为美，直则无姿，以欹为上，正则无景，以疏为贵，密则无态。还有赏梅四贵：贵稀不贵繁；贵老不贵嫩；贵瘦不贵肥；贵含不贵开。论的也是梅不同类型的姿态美。

梅花的姿态美还表现在与周围环境的高度和谐之美。且不说松竹梅岁寒三友；也不说梅兰竹菊四君子，梅花与晓日、苍崖、薄寒、细雨、轻烟、夕阳、佳月、微雪、清溪、小桥、松下、疏篱、林间吹笛、膝下横琴等等有与生俱来的情缘。在这些环境中赏梅，"疏枝横斜映玉华，醉卧芳菲一梦遥。"其姿态美恐怕早已幻化成神态美了！

梅花还是一种具有良好共生性的植物，第一自身品种多，本身就是一个大家庭；第二它与我们常见的许多植物均可搭配共荣。以前有人认为梅花恐怕只有早春好看，担心在其它季节观赏会差强人意，或与其他植物不能配伍，而多年的引种试验告诉我们，梅花不但具有良好的共生性，在其他季节也有较好的观赏价值，尤其夏季观赏梅花的果实，则又是别样情趣。我在2014年6月20日写的《赏京华梅实》：梅雨时节梅树下，凭看梅实烁京华。也慰陈师槛楼苦，结果胜于看梅花。

北京明城墙遗址公园、龙潭公园的"古城春晓""屏展芳菲""梅

"石大观""西岭香远""霞蔚石林""梅映香溪"等，经过这些年来的着力营建，现在已经成为北京城里著名的赏梅佳境了。

四曰色繁。梅花的色彩繁多，突出的表现了遗传多样性特点，这主要是由于品种及变种多的缘故。梅花原产我国，现在我国已栽培应用的梅花品种有300个以上。按照2010年出版的《中国梅花品种图志》分类体系，将这些品种分为11个品种群。颜色有红、黄、白、粉、绿，以及这些色系的渐变与叠加，如：乳白、纯白、粉白、淡紫、堇紫、紫红、桃红、粉红、洒金、乳黄、淡绿等等。实际上花瓣真正为黄或绿色的目前还没有，我们所说的乳黄、淡绿都是初开时的颜色，盛花时花瓣颜色多变为白色或乳白色。

以绿色为特点的品种。如小绿萼、变绿萼、金钱绿萼等，这些品种的清淡之色是许多花卉无法比拟的。往往以最能表现梅花冰清玉洁而得到人们的欣赏。"绿萼梅，凡梅花跗蒂皆绛紫，唯此纯绿，枝梗亦清，特为清高，好事者比之九嶷仙人"（范成大）。

以红色为特点的品种。如红须朱砂、白须朱砂、南京红梅等，这些品种不仅开放时花色深红，凋谢时色亦不淡，更由于其木质部也呈红色被人们称作"骨里红"。江姐的一曲"红梅赞"，通过对人坚强品质的歌颂，把对红梅的褒扬发挥到了极致。

梅花当中，宫粉品种群最为普遍，如大宫粉、迎春粉、淡桃粉、晚碗宫粉、人面桃粉、傅粉、虎丘晚粉等等，这一类品种多得难数难记难分辨。它们大多花色粉红，又有从深粉至浅粉的诸多细微差别。分辨这些品种，除了靠正面的花态和颜色以外，有些还要依靠对花萼、萼瓣的颜色、形状以及数量等等才能确定。

一些品种的花朵有两种颜色，非常奇妙。有一朵花上两种颜色，有一根枝条上两种颜色，有整个植株分为两种颜色，还有在一个花瓣上有两种颜色的。这就是跳枝品种群的梅花了。这些多是一些珍贵品种。北京明城墙遗址公园西头以及龙潭公园等处，都种植了这样的品种。有复瓣跳枝、单瓣跳枝、米单跳枝以及晚跳枝等。花色基本是粉色与白色相间，有一朵五瓣中一瓣粉四瓣白的，有一根枝条上两三朵整体粉色的，有的着花密而浓，有的着花疏而淡，花的颜色真是俏丽无比啊！

五曰韵胜。梅花自汉、晋、南北朝起，始"以花闻天下"。至宋代范成大称："梅花韵胜格高"。应当看到，宋人对梅花品格、神韵的挖掘，一方面成就了梅花的道德象征意义，另一方面也使赏梅越来越向"道德化""神化"的高雅方向发展，致使许多诗人们思维雷同，笔下的梅花难免千人一面。梅花的形象逐渐模式化、符号化。难怪宋朝著名女词人李清照说："世人作梅词，下笔便俗，余试作一篇，乃至前言不妄尔。"连这样的大词人尚且踌躇而难出窠臼，可见梅花在很多人心中成了孤芳自赏的代名词是多么可悲、可叹的事情啊！

冰中孕蕾，雪里开花

梅花之所以别具神韵，是由于花卉的生物性特性暗合了中华民族的社会价值取向，这一点正是梅花文化的价值所在。本来一般的花卉，通过千百年来与人类的互相认知，人类不断地培育了它，它反过来给人类以无尽的美妙享受与精神砥砺，进而逐步形成了中华民族独有的精神特质，此为韵胜之要也。

欣赏梅花的韵致，绝不仅仅只是观察梅花色、香和姿态，最为重要的是，能够结合周围环境、本人意趣和心境变化，自出机杼，品味出与众不同的意境,传达出情中意外的美感才是。

唐代宋《梅花赋》"相彼百花,谁敢争先,莺语方涩,蜂房未喧,独步早春,自全其天"。说出了梅花的精神与气概。宋代林逋的"疏影横斜水清浅,暗香浮动月黄昏"以及元代王冕的"不要人夸颜色好,只留清气满乾坤"。极尽梅的清绝韵致。清末许兆寅《墨梅风》少摹古风,落笔惊人:"我爱梅花风,吹送入帘栊。芳魂不可捉,落瓣认遗踪。 洒向冰瓯畔,飞来墨沼东。一般清气味,妙在不闻中。"写出了非理性的直觉体验:"妙在不闻中",则完全是禅宗的"顿悟"!

其实,梅花是一种非常普通的花,它既平凡又高贵,它不惧严寒,但绝对需要温暖,她贞姿劲质,但又明媚开朗。早春时节,只要您来到北京植物园、紫竹院公园、北京明城墙遗址公园、龙潭公园等,即知我言不谬也!

六曰格高。一种花卉,由于人们千百年来的世代相传,被认为品格高尚而获得了灵魂的——这就是梅花。

是劳动人民的风俗歌咏、文人骚客的借花抒怀,还有无数仁人志士的托物言志,将梅花所具有的抗逆性强、傲雪凌霜、花早香幽、乐群共生等生物习性,赋予了深刻的精神内涵和思想价值。可以说,梅花精神最能代表中华民族的精神特质。

欣赏梅花的格高,除了结合我们提供的梅花观赏景区以外,恐怕离不开对我国相关优秀文学作品的欣赏了,这是梅花文化的重要组成部分。中华民族特有的琴棋书画、诗词歌赋之于咏梅,在历史的长河中产生了数不清的思想深刻、内涵深邃饱满、意境高远的优秀作品,这些是中华民族的精神文明形成与发展的宝贵财富,使梅花文化在中国传统文化的宝库中,享有了独特的地位。

若论阐发梅花格调之高,古往今来,恐怕还没有人超越毛泽东的。一首《卜算子·咏梅》词:"风雨送春归,飞雪迎春到。已是悬崖百丈冰,犹有花枝俏。俏也不争春,只把春来报。待到山花烂漫时,她在丛中笑。"可谓是人人皆知的千古绝唱!毛泽东笔下的梅花充满着自豪感。所谓:"坚冰不能损其骨,飞雪不能掩其俏,险境不能摧其志,兀现了梅花傲岸挺拔、花中豪杰的精神气质"。一句"待到山花烂漫时,她在丛中笑",一改古人认为梅花只能孤芳自赏、离群索居的自命清高,以神来之笔写出了梅花与百花共享春光的喜悦,真正表现了梅花非凡的气度、脱俗的韵致和乐群共生与雅俗共赏的高尚品格。

今天我们能够在北京"足不出城"欣赏到梅花,踏雪寻梅,这确实是北京人的福气。为了实现这个目标,我国的梅花研究者们曾为此付出了数十年的艰苦努力。不仅北京明城墙遗址公园、龙潭公园等地现在已经植梅成林,而且中山公园、前门箭楼绿地、北京大观园、龙潭西湖公园、北京植物园、鹫峰以及城区内外诸多居住区、庭院等,甚至钓鱼台国宾馆,共有四十多处都有梅花可以欣赏了!相信一定能不断地吸引大批爱梅之人,使这些地方都成为北京的赏梅胜地。

对此我们不仅应当看到这里面表现出的生态意义和景观价值,更要体会梅花文化当中所蕴含的梅花精神,使之为现代精神文明建设发挥更大的作用。让梅花这一中华传统名花为北京这座古老而又年轻的国际化都市增添魅力吧!

钓鱼台丰后梅的果实

(作者系原崇文区园林绿化局教授级高级工程师,中国花卉协会梅花蜡梅分会理事)

景观 | 远瀛观

美国国家植物园（UNITED STATES BOTANIC GARDEN）位于华盛顿国家广场，临近国会大厦，占地180公顷。1789年华盛顿当选为美国第一任总统后建议在新首都要为国民建造一座植物园，展示植物、园艺在经济和生活中的重要性。1820年，国会通过立法批准建立国家植物园。二百年来，随着科技发展和充裕的资金来源，植物园一直在改建和完善。它的宗旨是要帮助国民和参观者了解植物的重要性、多样性和在美学、文化、经济、生态方面的关联，展示和提倡可持续发展的生态、环保目标。植物园加入了美国博物馆联盟，由国会大厦建筑师办公室管理。现在植物园由国家花园、巨型国家植物园温室、巴托尔迪公园等组成。植物园目前有1200多种各类植物，共计65000多植株。

文图/立早

美国国家植物园

进入植物园大厅，两侧高大的植物间陈列着许多引人注目的华盛顿著名建筑的模型，栩栩如生，如议会大厦、林肯纪念堂、国家图书馆等。仔细观察全部使用植株茎秆、叶子、树皮、种子等制作，十分精美。一侧桌子上有颜料和纸张，工作人员正在讲解各种植物叶子、花瓣的特征和功能，指导孩子们在裁剪成叶子花瓣的白纸上涂色和折叠，制作不同类型植物的叶子和花瓣。一些成年游客也兴致勃勃地参与其中。宽敞的大厅犹如植物殿堂，被绿色植株、五彩花卉布置得富丽堂皇。

美国国家植物园

高大的国家植物园温室是一个丰富多彩的植物王国，温暖湿润，有的地方雾气弥漫。参观者通过视觉、嗅觉、听觉和触觉感受到植物的美妙。高大的绿叶植物郁郁葱葱，有的植株开满绚丽多彩的花朵，有的长着纤细微小的种子，有的枝头挂满奇特的果实。远古植物馆再现了自侏罗纪时代以来已经延续了一亿五千万年的无花植物种群，食虫植物让人们感叹植物惊人的适应能力。仙人掌类植物种类和造型很多，有些从未见过。温室里还可以看到一年四季开放的各式兰花。一些有历史价值的蕨类（FERNS）、苏铁类（CYCADS）植物，从植物园建立一直延续繁殖至今。展示的每一种植物都有标示，植物的通俗名称，植物学里的名称、科属、原产地和现在种植地区。有的标牌上还有电话号码，拨通后可以听到更多信息。有的有二维码，扫描后可以进入有关网页。当天温室内有个活动是讲解各类植物种子发芽的条件和过程，在工作人员的指导下，制作植物项链。工作人员指导游客在浸湿的圆形棉纸上放上一粒种子，对折，放进一个小塑料袋，吹口气，然后折上，用绳穿在袋口上，变成一个植物项链，游客们高兴地挂在胸前。工作人员说每天要打开，浇点水，仔细观察种子发芽。

室外的国家花园有12000多平米，分成本土植物、近太平洋地区植物和有机玫瑰园、第一夫人喷泉、露天剧场、蝴蝶园等。大片的绿草坪远处是圣洁的国会大厦的穹顶。这个国家花园2006年10月经改造后重新开放，被誉为环境、园艺和植物学的观赏及教学的实验室。

为了植物园可持续发展和开展科学研究，1993建成了由16个适应各类植物生长的不同环境的7905平方米的植物园生产设施。设施完全由电脑控制，灵活地调节温度湿度，拯救、繁衍和培植濒危植物，供研究和与其他园艺机构交换物种。研究培育新品种，使植物园成为了植物园艺大型实验室和生产基地。生产设施的苗圃向公众展示的各种植物，包括兰花科、药用植物、经济植物等。这个生产设施只在每年3月向公众开放，参观要事先预约。植物园免费开放，一年365天无闭馆日，每年接待超过150万参观者。

（作者系《景观》通讯员）

公园，是指向公众开放、以游憩为主要功能，兼具生态、美化、防灾等作用的场所。在中国的史籍中，可以从20世纪30年代著名植物学家黄以仁先生所著的《公园志》中看到这样的记载"一国之花，都市也；都市之花，公园也。惟公园为都市之花，故伦敦、柏林、巴黎、维也纳、纽约、东京暨他诸都会，莫不设有公园……匪特于国民卫生与娱乐有益，且于国民教育上，乃至风致上，有宏大影响焉。"

文图/安勇

酒店式管理的公园
——成都市浣花溪公园的人性化管理与服务

公园，作为城市的主要公共开放空间，代表着一个城市的政治、经济、文化、风格和精神气质，也反映着一个城市市民的心态追求和品位。因此，城市公园既是市民游览休憩的场所，也是文化传播的空间；既是向市民进行精神文明教育、科学知识普及的园地，也是政府促进社会和谐、培育城市文化的重要资源。

新中国成立以来，我国一直把城市公园纳入事业编制的管理行列，集中统一管理。在此模式下，政府既是政策的制定者和监督者，又是具体业务的实际操作者，这就决定了公园管理成为典型的行政性垄断行业。事实证明，垄断不仅没有降低成本，而且降低了效率。"以费养人，以园养园"，公园变成市场的案例每个城市均可见。这样的现象制约着城市的发展，引起了成都市城市决策者的警觉。市场与竞争、机制与监管、服务与效率成为城市公用事业与公益项目新的关注点，而公园管理在公用和公益事业改革的进程中，由于它的效率和服务具有明显的外化和窗口特征，因而迅速进入成都市改革的快车道。浣花溪公园引入酒店管理模式，由专业管理公司中标入驻实施全面管理就成为水到渠成的事。"以费养人，无钱维护"的现象在浣花溪公园被彻底摒弃，曾经在公园内竭力创收、不考虑整体景观效果随处设置经营点位的景象，在浣花溪公园内难觅其踪。

浣花溪，成都府河的一条分支，在历史上就以"浣花女濯涟洗纱"传名。浣花溪公园，位于浣花溪畔，成都市著名的浣花溪历史文化风景区的核心区域，占地29.65公顷。2003年建成后成都市政府采取面向全国公开招标的方式选择公园管理单位。经过层层筛选、综合评定，最终，四川锦江旅游饭店管理有限责任公司以完善的管理方案、近乎苛刻的质量标准、充满节俭理念的报价一举中标，成为四川省首家实施市场化运作的公园管理服务单位。按照《成都市浣花溪公园管理服务合同》约定，四川锦江旅游饭店管理有限责任公司负责浣花溪公园的日常维护管理，包括公园的环境保洁、绿化养护、设施设备运行维护、园区秩序维护及配合政府各项创

酒店式管理的公园——成都市浣花溪公园的人性化管理与服务

花溪观鱼

建、迎检、复查工作。业主按照合同约定的质量标准委托公园管理中心对管理方进行月度、季度、年度综合质量评定,业主根据综合质量评定结果确定中标期间的合同续签。浣花溪公园实行收、支两条线的财务运行方式,公园内的经营项目由业主通过公开招标的方式确定,所有收入上缴财政。

作为四川省首家引入酒店管理公司实施全面质量管理的公园的具体操作者,四川锦江旅游饭店管理有限公司成立于1993年,50多年的酒店管理经验和优异的饭店管理业绩,使其连续5年获得中国饭店业协会评选的30强企业。成熟的服务理念、科学的管理手段、长期的人力资源储备,为锦江饭店管理公司的多领域拓展提供了坚实基础。公司在酒店发展的过程中敏锐地意识到,目前中国企业已进入转型、演绎发展模式及打造核心竞争力阶段,在这一历史时期,随着政府管理体制的转变和企业的拓展,公用事业将成为企业发展的另一空间。公园管理,对于锦江饭店管理公司来说,确属一次崭新的尝试。因为管理项目的属性不同,公园与酒店,一个属于公共空间,一个属于经营场所。在将酒店管理理念运用于开放式公园管理时,锦江饭店管理公司充分展现了酒店管理中的人性化服务与细节控制。酒店管理是我国第三产业最早进入市场并与国际质量标准接轨的服务业,雅致堂皇的环境、尊重宾客的氛围、规范的管理流程、质量标准及国际公认的东方温情式服务让众多消费者纷至沓来,以在高星级酒店消费为耀。

四川锦江旅游饭店管理公司正式进驻公园距开园接待游客仅有两天半的筹备期。在面临基础建设尚未完全竣工、人员、物品均未到位、管理范围达29.65公顷之广、对开放性公园管理毫无经验可借鉴的多重压力之下,管理小组的11位成员以高度的责任感和使命感,充分发扬"锦江人"团结协作的优良传统,凭借积累的工作经验和养成的良好工作习惯，投入到紧张而繁忙的筹备试开园中。锦江饭店管理公司首先确定了浣花溪公园"管理"与"服务"并重的工作理念：一、按照《成都市浣花溪公园管理服务合同》约定，受成都市林业和园林管理局委托维护管理浣花溪公园所有国有资产，包括浣花溪公园的建筑物、构筑物、设施设备和绿化植物。"三分建、七分管"是城市规划建设管理坚持的方向，通过有效的管理使公园内的国有资产保

野渡横舟

值、增值，或延长使用时间，减少再次投入，就是管理质量的最直接验证；二、以游客为中心，换位思考，为入园游客提供耐心、细致、周到的服务。管理方在保证高质量、高标准的管理效果的前提下，在公开招聘员工、组织实施培训的同时，将五星级酒店管理模式与开放性园林管理有机结合，用1个月的时间建立健全了公园的各项基本管理制度：《管理章程》《质量管理奖罚条例》《质量综合评定办法》《物品采购程序》《物耗费用月控指标》《借款、成本费用控制暂行办法》《展览、演出等活动的管理协议》《装修管理协议》和各岗位的工作职责等。

根据公园管理机制的运行模式，充分发挥管理者的职能作用调动管理者的主观能动性，协调内、外部健康有序的工作环境，秉承服务至上的宗旨，本着高效、精简的原则，我们设定了浣花溪公园管理委员会为最高管理决策机构，下设安全质量管理部、环卫部、绿化部、工程部、财务部和办公室。各部室按照工作范围各司其职，严格遵循层级管理

制、分工负责制、责权利连带制、命令服从制、奖优罚劣制、工作协作制和特殊授权制七项运行原则。公园规章制度的建立健全和管理机构的有效运行，保证了各项工作正常有序的开展，同时也夯实了浣花溪公园的管理基础。

严谨务实的工作作风是保证全面实施各项管理制度和运行机制的根本。公园管委会在试开园伊始，就明确了周一例会、周四质检会、当日工作汇报协调会的会议制度，通过例会、日会保证信息传递通畅，准确反映问题，及时协调整改，当日发现的问题能解决的绝不推迟到第二天，有效地杜绝了

白鹭洲芦苇

拖沓、散漫的工作风气，让每一位管理人员都亲临管理现场，与员工并肩工作在第一线，及时发现问题，解决问题，鼓舞士气。每当身着黑色西服套装的管理人员在36°C的高温下工作，汗水湿透了衬衫、领带、西服，并顺着衣襟向下滴时，员工感动了，游客感动了，"锦江"精神显露了，公园的团队氛围形成了。

公园管委会在严格管理的同时，根据员工整体文化程度偏低、无酒店意识、无服务意识、无管理意识的实际情况，除自行组织管理人员对其严格培训外，在工作的同时，加强员工队伍的组织建设和思想建设，培养员工的集体主义精神和爱园、敬业精神，让员工能在工作时主动发现问题，敢于制止不文明行为，同时能主动热情为游客提供服务和帮助。在业务上指导员工，在工作中公正评价员工，在发展方面主动帮助员工，在生活上理解关心员工。在严谨的工作作风感召下，公园的全体员工精神面貌焕然一新，由刚入园的被动工作转换为主动工作。

依照浣花溪公园注重对生态追求、突出蜀文化特色和体现人性化的设计理念，公园管理方运用酒店管理理念，结合公园特色延伸五星服务，凸显"以人为本"的思想，在实际工作中通过细致入微的观察，以"换位"的方式进行思考，想游客所想，急游客所急，先后在公园推出了"温馨服务""免费借伞服务""免费添加开水服务""免费提供杂物袋服务""免费提供食品加热服务""免费借用婴儿车服务""免费借用对讲机服务""免费自行车加气服务""免费提供清洁用纸服务""免费提供借阅报纸服务""免费借用轮椅服务""免费手机充电服务"等十二项服务措施。"温馨服务"是按照五星级酒店服务理念，员工用真诚的微笑免费为游人添加开水，为游人提供急救药品和针线等物品；绿化部全体员工不仅忠于职守地履行着自己的义务，用心地维护着公园的优美环境，还推出了"即刻清洁"的特殊工作方式。"即刻清洁"的工作人员每天骑着工作车穿梭在园区的各个角落，发现杂物立即清理，看到污迹立刻擦拭，她们的工具、物品都整齐地摆放在藤制的小箱内，小箱上覆盖着美丽的绢花，为了避免惊扰游客，自行车的车铃换成了可爱的铜铃铛，铃铛随着自行车的颠簸产生了柔和的碰撞声，以此提醒游客，"用心服务"的宗旨体现在真诚关心游客的点点滴滴；"免费借伞服务"亦是遵照星级酒店服务理念、深切关心客人的又一服务项目。"广场经理"是架设在游客与公园管理方的一座信息沟通、传递桥梁，他们身着笔挺的西装，彬彬有礼地解答游客的疑难，热情地为游客提供帮助，耐心地解释游客的询问，及时收集整理游客意见、建议，将各类信息准确、迅速反馈至各有关

部门，为公园的管理决策提供有力依据；"免费提供杂物袋服务"是公园根据游客实际需要，为享用休闲零食的客人准备的免费杂物袋，既方便了游客，又保证了园区洁净；"免费借用婴儿车服务"是"免费借伞服务"的延伸。考虑到园区面积大，年轻父母怀抱小宝贝步行不方便，公园及时推出了此项免费服务项目，深受游客欢迎；所有的免费服务，均是从有限的管理经费中千方百计节约而来，没有给业主增加任何负担。上述服务项目一经推出，就受到了来园游客的高度评价和欢迎，成为浣花溪公园的服务亮点。今天的浣花溪公园充分展示了它是"传承文明的桥梁、修炼体质的天堂、陶冶情操的乐园、和谐人文的净土，彰显公益的窗口，见证爱情的圣地"。

开放性公园的卫生间，在大多数游客的记忆中，永远也无法跟星级酒店的卫生间相比。但浣花溪公园的卫生间却使游客改变了观点，它不收费、洁净、舒适、环境适人，它的出现无疑是五星级酒店管理公司管理开放性公园效果的又一有力见证。有游客留言称园区的公共洗手间为"成都第一"。

公园将星级效应与对高品质的追求完全落实到公园的管理之中，不仅重视形式而且重视管理的内涵。转变观念、改变作风、让工作人员把"管理"意识转变为"服务"意识，从管理思想到具体的制度都以构筑良好的城市形象为准绳；公园管理委员会充分利用成都市创建"全国首批文明城市""国家环保模范城市"的契机，将倡导游客的文明观念、引导游客的文明行为纳入重要的管理工作中。倡导健康休闲、娱乐，拒绝一切陋习。从总经理到普通员工，在园区巡视都有边走边捡果皮、包装纸、瓜子壳、饮料瓶等游客遗弃物的习惯，以此来感染游客，唤起大家的文明观念。公园管理方还充分利用公园背景音乐系统，滚动播出"游客入园须知""游客道德行为规范"，向游客宣传"五讲四美"，提醒广大游客爱护园内设施设备、花草植物。公园还聘请专业机构制作了两个阅报栏安放在万竹广场、草堂广场，向游客提供报纸阅览服务，并设计制作了文明标语牌，希望"环境改变人"，在潜移默化中引导游客的文明游园行为。公园管理方还组织员工自编自演自拍了游客不文明行为，制作成"游客不文明行为曝光栏"，将在公园中易出现的不文明行为予以曝光，让游客相互监督，在园区内减少不文明行为的发生。公园管理方还有选择性地组织附近的小学、中学和高校学生到公园参加义务劳动，举办公益活动，宣传环保知识，进行法制教育，使公园成为一块播撒文明之花的基地。

为调动社会各界力量共同关心、支持浣花溪公园的管理与发展，向企业和市民提供一处"亲近自然、造福社会、奉献爱心"的园地，公园决定设立"爱心园"，此消息一经《成都日报》报道后，市民和企业踊跃参予。下一代是祖国的花朵和未来，使之健康成长，成为有益于社会之才，应是全社会的共同责任。浣花溪公园，作为成都城市公园中首家五星级公园，管理方主动承担起培养、引导下一代的社会责任，推动城市市民整体素质的提升。公园管理方于2014年6月在浣花溪公园设立了"文明银行"。"文明银行"存储小朋友在浣花溪公园的文明贡献，例如捡拾垃圾、劝阻不文明行为、帮助他人、拾金不昧、清扫道路等，用"文明贡献"兑换"文明银行"收益。银行收益是学习用具和浣花溪公园经营项目捐赠的游乐设施门票等。讲文明、树新风良好的氛围，不仅提升了公园的品级，而且还为成都的精神文明建设作出了贡献。

水，是人类赖以生存的宝贵资源。作为一个有强烈社会责任感的企业，即使能源费用由政府全额划拨，

和谐人文的净土　　　　　　　　　　共书誓言

但千方百计节约能源使用仍是浣花溪公园管理方义不容辞的责任。公园自2006年起就试点性实施抽取中水（抽取湖水、溪水）浇灌植物，但由于资金及劳动力成本增加等因素，此方案一直未能全面推动。2011年，管委会在认真研究公园年度资金预算情况下并与公园绿化部、环卫部、工程部负责人专题讨论全园范围内抽取中水浇灌植物、冲洗道路的可操作性与具体实施方案。公园管委会在有限的管理维护费中调剂资金3万余元，在靠近

地表水区域设置配电箱8处，增加电源插座8只，购置抽水泵8台，铺设输水管道1800米，为全面采用抽取中水、节约自来水的节能工作完成了设施保障的准备。随后出台了《浣花溪公园抽取中水浇灌植物、冲洗道路的管理规定》，要求环卫部、绿化部在日常工作中必须首先使用中水，没有中水可用的

不断增加。为规范此类活动的管理，公园与健身组织负责人签订了《"全民健身文体活动"集体组织的行为规范约束协议》，就健身组织的活动时间、地点、人数和健身内容、活动音量等作了明确规定。通过建立预约制、签订健身组织约束协议，公园有效地控制了日均在园区内的集体活动总人数，

白鹭洲仿木桥

瀑布岛

区域才能使用自来水。健全的管理制度是保证节能工作长效执行的基石，完善的操作规范是强化能源管理的有效手段，2011年公园自来水耗用量5.76万吨，同比节约了1.03万吨，节约幅度达15.17%。

为了更好地保护公园的绿化景观，维护公园的秩序，公园还完善了游园制度，建立了"预约制"入园，并规范了晨练团体的管理。针对来园春游的中小学生逐年增多的现象，为便于统一管理，公园特发函至成都市各区教委，要求其所属小学，凡需集体来园活动，应提前一周预约，并签订《关于在浣花溪公园集体活动的管理协议》。公园开园以来，在园区进行健身文体活动的群众自发组织数量

并将集体活动规划在适宜区域，更好的保护了公园的景观和园区秩序，避免了场地争执和噪音污染。

四川锦江饭店管理公司在浣花溪公园管理项目的操作中，已逐步将"五星级"酒店的管理服务理念与公园管理紧密地结合起来，开创了开放式公园的管理新模式，在成都市市政公用项目及国内同行中赢得了良好的声誉。

（作者系四川锦江旅游饭店管理有限责任公司之四川锦宾物业服务有限责任公司总经理）

文/编辑部　图/王辰

古今园林人物（连载六）

写境

白居易（772~846），下邽（今陕西渭南东北）人，先世为山西太原人。字乐天，归居香山后，与诗僧如满结香火社，自号香山居士，唐代著名诗人，造园艺术家。又称醉吟先生。童年曾避战乱居越中，得江南钟灵毓秀的山水熏陶。白氏之诗，语言通俗，相传老妪亦能听懂，文学上他积极倡导新乐府运动，与元稹友情甚笃，世称"元白"。他爱好园林，在造园艺术上有很高的修养。

庐山草堂记

匡庐奇秀，甲天下山。山北峰曰香炉，峰北寺曰遗爱寺。介峰寺间，其境胜绝，又甲庐山。元和十一年秋，太原人白乐天见而爱之，若远行客过故乡，恋恋不能去。因面峰腋寺，作为草堂。

明年春，草堂成。三间两柱，二室四牖，广袤丰杀，一称心力。洞北户，来阴风，防徂暑也；敞南甍(屋脊)，纳阳日，虞祁寒也。木斲(zhuó)而已，不加丹；墙圬而已，不加白。磩阶用石，幂窗用纸，竹帘纻帏，率称是焉。堂中设木榻四，素屏二，漆琴一张，儒、道、佛书各三两卷。

乐天既来为主，仰观山，俯听泉，旁睨竹树云石，自辰及酉，应接不暇。俄而物诱气随，外适内和。一宿体宁，再宿心恬，三宿后颓然嗒然，不知其然而然。

自问其故，答曰："是居也，前有平地，轮广十丈；中有平台，半平地；台南有方池，倍平台。环池多山竹野卉，池中生白莲、白鱼。又南抵石涧，夹涧有古松、老杉，大仅十人围，高不知几百尺。修柯戛云，低枝拂潭，如幢竖，如盖张，如龙蛇走。松下多灌丛，萝茑叶蔓，骈织承翳，

日月光不到地，盛夏风气如八、九月时。下铺白石，为出入道。堂北五步，据层崖积石，嵌空垤块，杂木异草，盖覆其上。绿阴蒙蒙，朱实离离，不识其名，四时一色。又有飞泉植茗，就以烹燀，好事者见，可以销永日。堂东有瀑布，水悬三尺，泻阶隅，落石渠，昏晓如练色，夜中如环佩琴筑声。堂西倚北崖右趾，以剖竹架空，引崖上泉，脉分线悬，自檐注砌，累累如贯珠，霏微如雨露，滴沥飘洒，随风远去。其四旁耳目、杖屦可及者，春有锦绣谷花，夏有石门涧云，秋有虎溪月，冬有炉峰雪。阴晴显晦，昏旦含吐，千变万状，不可殚纪，锵缕而言，故云甲庐山者。噫！凡人丰一屋，华一箦，而起居其间，尚不免有骄稳之态；今我为是物主，物至致知，各以类至，又安得不外适内和，体宁心恬哉！昔永、远、宗、雷辈十八人同入此山，老死不返，去

我千载，我知其心以是哉！"

矧予自思：从幼迨老，若白屋，若朱门，凡所止，虽一日二日，辄覆篑土为台，聚拳石为山，环斗水为池，其喜山水病癖如此。一旦塞剥，来佐江郡。郡守以优容而抚我，庐山以灵胜待我，是天与我时，地与我所，卒获所好，又何以求焉！尚以冗员所羁，馀累未尽，或往或来，未遑宁处。待它异时，弟妹婚嫁毕，司马岁秩满，出处行止，得以自遂，则必左手引妻子，右手抱琴书，终老于斯，以成就我平生之志。清泉白石，实闻此言！

时三月二十七日，始居新堂。四月九日，与河南元集虚、范阳张允中、南阳张深之、东西二林长老凑、朗、满、晦、坚等凡二十有二人，具斋施茶果以落之。因为《草堂记》。

（摘自《中国园林艺术大辞典》）

造境

朱启钤（1872～1964年），创办北京市第一个公园——"中央公园"（今中山公园）；创办中国第一个博物馆——古物陈列所（1946年与故宫博物馆合并，任命治格（满族）为所长；开放了天坛、先农坛、文庙、国子监、黄寺、雍和宫、北海、景山、颐和园、玉泉山、汤山等处名胜风景区。1915年，为改善交通，时任内务部长兼北京市政督办的朱启钤主持了改建正阳门，打通东西长安街，开放南北长街、南北池子，修筑环城铁路等工程。

中山公园

民国肇兴，与天下更始，中央政府既于西苑辟新华门为敷政布令之地，两阙三殿观光阒溢，而皇城宅中，宫墙障塞，乃开通南北长街、南北池子为两长街。禁御既除，熙攘弥便，遂不得不亟营公园，为都人士女游息之所。社稷坛位于端门右侧，地望清华，景物巨丽，乃于民国三年十月十日开放为公园，以经营之事委诸董事会。圆规取则于清严偕familiar，不诊于风雅。因地当九街之中，名曰中央公园。设园门于天安门之右，绮交脉注，绾击四达。架长桥于西北隅，俯瞰太液，直西华门，俾游三殿及古物陈列所者跬步可达。西拓辽坦，收织女桥御河于园内，南流东

注，迤逦以出皇城。撤西南垣，引渠为池，累土为山，花坞水榭，映带左右，有水木明瑟之胜。更划端门外西无朝房八楹，略事修葺，增建庭事，榜曰公园董事会，为董事治事之所。设行健会于外坛东门内驰道之南，为公共讲习体育之地。移建礼部习礼亭与内坛南门相值。其东建来今雨轩及提壶亭。西建绘影楼、春明馆，上林春一带廊舍。后建东西长廊，以蔽暑雨。圆明园所遗兰亭刻石及青云片、青莲朵、塞芝、绘月诸湖石，分置于林间水次，以供玩赏。其比岁，市民所增乐如公理战胜坊、乐言亭、喷水池之属，更不遑枚兴矣。北京自明初改建皇城，置社稷坛于阙右，与太庙对。坛制正方，石阶三成，陛各四经；上成用五色土随方筑之，中埋社主。垣以琉璃，各如其方之色。四面开棂星门，门外北为祭殿，又北为拜殿。西南建神库、神厨。坛门四座。西门外为牲亭。有清因之。此实我国数千年来特重土地人民之表征。今于坛址，务为保存，俾考古者有所徵信焉。环坛古柏，井然森列，大都明初筑坛时所树。今园丈八尺者四栋，丈五六尺者三株，斯为最巨；丈四尺至盈丈者百二十一株，盈丈者六百三株，次之；未及五尺者二百四十余栋；又已枯者百余株。园径既殊，年纪可度。最巨七柏，皆在坛南，相传为金元古刹所遗。此外合抱槐榆杂生，年浅者尚不在列。夫禁中嘉树，盘礴郁积，几经鼎革，无所毁伤，历数百年，吾人竟获栖息其下，而一旦明社之旧，故国兴亡，益感怀于乔木。继自今封殖之任，不在部寺，而在群众。枯菀之间，实自治精强弱所系。惟愿邦人君子爱护扶持，勿俾后人有生意婆娑之叹，斯尤启钤不能已于言者。启钤于民国三四年间长内部，从政余暇，与僚友经始斯园。园中庶事，决于董事会公议。凡百兴作及经常财用，由董事蠲集，不足则取给于游资及租息，官署所者靶鲜。岁月行使，已逾十年，董事会诸君龙石以待，谨述缘起及斯坛故实以让将来，后之观者，庶有可考镜也。

（朱启钤《营造论》之《中央公园记》，1930年）

赏境

庾信（513～581年），字子山，小字兰成，北周时期人，南阳新野（今属河南）人。南北朝时期大文学家。他自幼随父亲庾肩吾出入于萧纲的宫廷，后来又与徐陵一起任萧纲的东宫学士，成为宫体文学的代表作家；他们的文学风格，也被称为"徐庾体"。庾信的骈文、骈赋，代表了南北朝骈文、骈赋的最高成就；代表作有《小园赋》、《哀江南赋》、《枯树赋》等。

《小园赋》节选

若夫一枝之上，巢夫得安巢之所；一壶之中，壶公有容身之地。况乎管宁藜床，虽穿而可坐；嵇康锻灶，既烟而堪眠。岂必连闼洞房，南阳樊重之第；赤墀青琐，西汉王根之宅。余有数亩弊庐，寂寞人外，聊以拟伏腊，聊以避风雨。虽复晏婴近市，不求朝夕之利；潘岳面城，且适闲居之乐。况乃黄鹤戒露，非有意于轮轩；爱居避风，本无情于钟鼓。陆机则兄弟同居，韩康则舅甥不别，蜗角蚊睫，又足相容者也。

尔乃窟室徘徊，聊同凿坯。桐间露落，柳下风来。琴号珠柱，书名玉杯。有棠梨而无馆，足酸枣而无台。犹得侧八九丈，纵横数十步，榆柳三两行，梨桃百余树。拔蒙密兮见窗，行攲斜兮得路。蝉有翳兮不惊，雉无罗兮何惧！草树混淆，枝格相交。山为篑覆，地有堂坳。藏狸并窟，乳鹊重巢。连珠细菌，长柄寒匏。可以疗饥，可以栖迟，崎岖兮狭室，穿漏兮茅茨。檐直倚而妨帽，户平行而碍眉。坐帐无鹤，支床有龟。鸟多闲暇，花随四时。心则历陵枯木，发则睢阳乱丝。非夏日而可畏，异秋天而可悲……

画境

王诜（1036～？年），北宋画家。字晋卿，祖籍太原，后定居汴梁（今河南省开封市）。熙宁二年（1069年）娶英宗女魏国大长公主，拜左卫将军、驸马都尉。王诜喜爱诗文书画，与苏轼、黄庭坚等人相往还。常于府第西园与文人、画家切磋诗画，李公麟曾画《西园雅集图》以纪实。赵佶即位前为端王时亦与王诜过从甚密。王诜以贵族身份热衷于诗文书画，成为当时艺术活动中的中心人物之一。王诜富收藏，筑有宝绘堂，藏古今法书名画；王诜颇具眼力，是北宋重要收藏鉴赏家。

画作《金谷园图》简介：

设色，绢本，纵32厘米，横500厘米。"金谷园"是西晋官僚、富豪石崇在洛阳的别业。画家对金谷园情有独钟，着力表现金谷园存在之时的繁华热闹，通过精美的色彩和造型来追忆一种快乐、逍遥的生活方式。全画气势宏大、景物富丽，造境幽深，乃穷年累月而成的精心之作。画面中园林、别墅步于湖上，其间或以桥梁，或以舟楫相通，给人似断还连之感。小岛、汀渚之上茂林丛竹、楼阁掩映，刻画十分繁密、细致。无论是古树、丛篁还是假山堆石，表现手法都颇为古雅，其设色也以青绿为主，在浓郁中不乏雅隽秀丽。画中人物繁

金谷园图（局部）

多，其数不下百人，然都造型精工、设色富丽，体现了画家高超的表现能力。从人物所处的建筑、园林环境看，多是表现其消夏闲适的生活情调。青绿华贵的色彩，精致细腻的造型笔法都体现了一种贵族式的雍容。

赵德春

中国摄影家协会会员，北京市西城区摄影家协会副主席，1997年毕业于北京红大摄影系。摄影作品多次在国内、国际比赛中入选获奖并展出，先后出版过中国京剧艺术明信片、中国京剧服饰、北京春节厂甸庙会等画册，多幅摄影作品入选北京国庆45、50、60周年大型纪念画册、北京旅游、北京风情舞动悉尼等画册等，其中北京市首次荣获国务院外宣办颁发一等奖的《北京古老而充满活力的都城》大型画册封面由本人所拍摄。并在俄罗斯布拉戈维申斯克市开幕的俄罗斯阿穆尔州摄影家协会成立百年中国摄影家主题《世间之美》摄影展览。

古都神韵

赵德春摄影作品选登

1. 凝固的音符
2. 映日荷花别样红
3. 陶然处处闻啼鸟
4. 香飘京城二月兰
5. 北海之秋
6. 颐和古韵

2014 北京市公园绿地行业十件大事候选条目

1 **市主要公园顺利开展执法工作。** 2014年1月1日起，在市属公园开展了公园执法工作试点，通过试点，进一步积累经验，为下一步在全市主要公园推进执法工作奠定基础。

2 **《北京市公园条例》修订工作启动。** 按照市人大、市政府立法规划，自2014年年初开始，就修订《北京市公园条例》（以下简称《条例》）进行了深入调研。按照市人大常委会《法规立项论证试验工作指引》要求，形成了《〈北京市公园条例〉修订论证报告》报至市政府法制办。该报告从《条例》修订的背景、必要性、可行性、基本思路、基本原则及主要内容等方面进行了论证。

3 **北京植物园被批准为国际海棠品种登陆机构，北京植物园教授级高工郭翎为观赏海棠栽培品种的登录专家。** 北京植物园从1990年开始从美国引进第一批观赏海棠开始，20多年来，先后引种成功80余个观赏海棠栽培品种，目前都已经在北京植物园海棠园里顺利安家，而北京植物园海棠园也凭借丰富的栽培品种和优美的景观，于2013年被中国公园协会评为"全国优秀专类园"。

4 **北京市公园管理中心推出修订版《公园服务管理规范》。** 依据有关法规和政策规定，中心服务处对现行《公园服务管理规范》进行了修订，于2014年4月21日正式下发中心各单位。新版《规范》共十二章九十五条，增加了游乐设施管理、投诉受理等章节，并增加了公园对残障人士等特殊群体游客的接待与服务的要求。

5 **天坛公园"中和韶乐"首次走出国门。** 2014年5月，天坛神乐署雅乐团赴法进行文化交流活动，举行了"天坛神乐之旅——中国宫廷音乐会"专场演出，成为中法建交50周年文化交流的重要展示。

6 **颐和园对公众开放100周年。** 2014年6月6日，颐和园对公众开放100周年纪念活动正式启动。1914年，颐和园正式对公众开放，成为最早一批对公众开放的皇家宫苑，也由此揭开了皇家园林的神秘面纱。

7 **北京将举办2019年世界园艺博览会**。国际展览局第155次大会，168个成员国一致表决认可2019年中国北京世园会。2019年中国北京世界园艺博览会是经国际园艺生产者协会批准、国际展览局认可，由中国政府主办、北京市承办的A1类世界园艺博览会，简称"2019北京世园会"，主题为"绿色生活，美丽家园"。园区设在北京市延庆县，规划总面积960公顷，举办时间为2019年4月29日至2019年10月7日，展期162天。

8 **紫竹院行宫及禅院重建开放**。紫竹院公园大湖北岸，长河南岸的皇家寺院和行宫是明清两代陆续修建、改建和扩建的古建筑。长期以来一直被占用或租用。清代行宫建筑群——"福荫紫竹院"及"紫竹禅院"经过考古挖掘、整体修缮和展览展陈筹备后，于2014年6月16日举办行宫文化展。

9 **北京市园林科学研究"所"改"院"**。北京市园林科学研究"所"于2014年6月18日起，更名为北京市园林科学研究"院"。标志着北京市园林科学研究院将在更高、更广阔的平台上为园林绿化事业的发展做出新的更大的贡献。

10 **出台《北京市公园和风景名胜区应对自然灾害指导书》**。经过两年的深入研究，2014年6月26日《北京市公园和风景名胜区应对自然灾害指导书》出台，对全市公园风景区做好风、雨、雪、雹等极端天气及地震等灾害的应对工作提出了指导性意见。

11 **北京成功举办第九届北京公园节**。由北京市公园管理中心、北京市公园绿地协会会同中国公园协会、首都文明办共同举办的第九届北京公园节以"美丽公园 文明绽放"等为主题。在奥林匹克森林公园举办启动仪式。全市100多个公园参与了宣传和咨询活动。

12 **"服务民生 创新管理"评选活动圆满完成**。2014年北京市公园绿地协会继2011年首次推出活动之后，第二次组织开展了以"服务民生 创新管理"为主题的品牌推介活动，全市42家公园、86个项目参与了申报，最终评选出20个"品牌奖"获奖单位和6个"优秀奖"获奖单位。

13 **持续开展公园高档餐饮会所清理整顿工作**。根据中央和市委通知精神，为构建长效机制，深入持续开展公园会所整治工作，市园林绿化局会同有关部门，牵头起草了《关于进一步加强历史建筑、公园等公共资源"会所中的歪风"整治工作的意见》，并于2014年9月24日，以市政府名义正式印发。

14 **市公园管理中心圆满完成国庆65周年游园庆祝活动**。按照中央"欢乐祥和，节俭大气，安全第一"的要求，市委市政府决定成立庆祝新中国成立65周年市游园指挥部，市公园管理中心担负游园服务组工作。

15 **圆满完成APEC服务保障工作**。2014年11月7日至12日，中心直属公园接待APEC人物17批478人次，其中接待完成习近平总书记夫人彭丽媛教授邀请印尼总统夫人、墨西哥总统夫人、日本首相夫人等9个经济体领导人或代表的夫人游览颐和园的任务。

2014 北京市公园绿地行业十件大事
——评选细则

我们从2014年北京市公园绿地行业的重点工作中,选出15项内容,本着严肃、认真、公正、公开的原则,期待广大热心群众参与,以项目重大、影响广泛、意义深远为标准,从中选出您认为重要的十件大事。热心参与投票者有幸获得幸运奖。

一、十件大事投选办法:

根据您的评选,按大事的序号对应下附的选票表格,在相应序号下画出"O"标记,再将选票裁下邮寄到北京市西城区西外大街143号119室《景观》编辑部。(选票可复印)

二、评选程序:

1、对群众投票中的有效票进行统计,根据得票多少评出前十件大事。

2、召开评委会,对大事进行评选,同样根据得票多少评出前十件大事。

3、根据双方的评选结果,按读者和评委投票各占50%的比重,取前十件大事,经评委会讨论审定公布。

三、幸运奖产生办法:

以投票人的身份证号码末4位数字为标准,采用电脑摇号方式产生一、二、三等奖。幸运奖得主名单在《景观》上公布。

四、幸运奖奖励办法:

一等奖2名,每名奖金1000元人民币。

二等奖10名,每名奖金200元人民币。

三等奖30名,每名奖金100元人民币。

五、评选截止日期:

2015年5月31日前将填完选票邮寄到北京市西城区西外大街143号119室。

(北京市公园绿地协会对此次评选活动具有最终解释权)

回执联(可以复印)

1	2	3	4	5	6	7	8
9	10	11	12	13	14	15	

姓　名:

通讯地址:

身份证号:

联系方式: